Jean Ziegler

WAS IST SO SCHLIMM AM KAPITALISMUS?

Antworten auf die Fragen meiner Enkelin

Aus dem Französischen übertragen von Hainer Kober

C. Bertelsmann

Die Originalausgabe ist 2018 unter dem Titel
»Le capitalisme expliqué à ma petite-fille
(en espérant qu'elle en verra la fin)«
bei Éditions du Seuil, Paris, erschienen.

FSC
www.fsc.org
MIX
Papier aus verantwortungsvollen Quellen
FSC® C014889

Verlagsgruppe Random House FSC® N001967

1. Auflage

Umschlaggestaltung: Büro Jorge Schmidt, München
Satz: Uhl + Massopust, Aalen
Druck und Bindung: Friedrich Pustet, Regensburg
Printed in Germany
ISBN 978-3-570-10370-8

www.cbertelsmann.de

Ich widme dieses Buch
allen meinen Enkelkindern

Die Räuber kommen! Mit ungeheurer
Heeresmacht überziehen sie unser Land. Sie wollen
Uns das Leben lassen, wenn wir ausliefern
Was wir brauchen zum Leben.
Warum
Den Tod fürchten, aber nicht
Den Hunger?
Wir unterwerfen uns nicht!

Bertolt Brecht, *Die Horatier und die Kuriatier*
(1934 im Exil geschrieben)

I

Neulich abends hat Mama mich ganz aufgeregt gerufen: Du warst im Fernsehen und hast mit einem – offenbar recht liebenswürdigen – Herrn über den Kapitalismus diskutiert. Aber ihr wart euch in gar nichts einig. Ich habe nicht viel von eurem Streit verstanden, aber du hast ziemlich zornig ausgesehen. Warum?

Du hast recht, Zohra, ich war wütend. Der Mann, der mir gegenübersaß, war Peter Brabeck-Letmathe, Präsident von Nestlé, dem mächtigsten transkontinentalen Nahrungsmittelkonzern der Welt. Heute steht Nestlé, das vor 150 Jahren in der kleinen Schweiz gegründet wurde, auf Platz 27 der weltgrößten Unternehmen.

Das verstehe ich nicht. Nestlé stellt gute Schokolade her! Und wenn die Schweiz es schafft, Unternehmen hervorzubringen, die ihre Geschäfte auf allen Kontinenten abwickeln, warum macht dich das zornig?

Weil Peter Brabeck sich ständig auf die Theorie seines Freundes Rutger Bregman beruft, eines berühmten holländischen Wirtschaftswissenschaftlers. Doch ich wehre mich gegen dessen Geschichts- und Wirtschaftsverständnis. Vor allem behauptet er Folgendes: »Während 99 Prozent der Weltgeschichte waren 99 Prozent der Menschheit arm, hungrig, schmutzig, furchtsam, dumm, hässlich und krank… Das alles hat sich im Laufe der letzten 200 Jahre geändert… Milliarden von uns sind heute reich, gut genährt, sicher und gelegentlich sogar schön. Selbst jene, die wir immer noch »die Armen« nennen, leben heute unter nie da gewesenen Bedingungen des Überflusses.«

Peter Brabeck behauptet, die kapitalistische Ordnung sei die gerechteste Organisationsform, die die Erde je gesehen habe, und garantiere die Freiheit und das Wohlergehen der Menschheit.

Und das ist nicht wahr?

Natürlich nicht! Das Gegenteil ist wahr!

Die kapitalistische Produktionsweise trägt die Verantwortung für unzählige Verbrechen, für das tägliche Massaker an Zehntausenden von Kindern durch Unterernährung, Hunger und Hungerkrankheiten, für Epidemien, die schon lange von der Medizin besiegt wurden, für die Zerstörung unserer natürlichen Umwelt, die Vergiftung der Böden, des Grundwassers und der Meere, die Vernichtung der Wälder…

Gegenwärtig sind wir 7,3 Milliarden Menschen auf unserem schutzlosen Planeten. 4,8 Milliarden, das heißt mehr als zwei Drittel, leben in einem Land der südlichen Hemisphäre, davon Hunderte Millionen unter unwürdigen Bedingungen. Die Mütter haben panische Angst vor dem Morgen, weil sie nicht wissen, wie sie ihre Kinder einen weiteren Tag ernähren sollen. Die Väter werden erniedrigt, verachtet bis in ihre Familien hinein, weil es ihnen nicht gelingt, Arbeit zu finden – sie sind Opfer der sogenannten Dauerarbeitslosigkeit. Die Kinder wachsen in Elend und Angst auf, häufig sind sie Opfer häuslicher Gewalt, ihre Kindheit liegt in Trümmern. Für zwei Milliarden Menschen – die gemäß Weltbank in »extremer Armut« leben – gibt es keine Freiheit. Ihre einzige Sorge ist ihr Überleben.

Die verheerenden Auswirkungen der Unterentwicklung sind Hunger, Durst, Epidemien und Krieg. Sie vernichten jedes Jahr mehr Männer, Frauen und Kinder als die fürchterliche Schlächterei des Zweiten Weltkriegs in sechs Jahren. Was viele von uns zu der Auffassung bringt, dass für die Völker der Dritten Welt der »Dritte Weltkrieg« längst begonnen hat.

Wenn ich das recht verstehe, seid ihr, Brabeck und du, vollkommen entgegengesetzter Meinung. Ihr konntet euch über die Wohltaten und Missetaten des Kapitalismus absolut nicht einigen.

Du hast recht. Für mich – und für all diejenigen, die meine Meinung teilen – hat der Kapitalismus eine kannibalische Ordnung geschaffen: Überfluss für eine kleine Minderheit und mörderisches Elend für die große Mehrheit.

Ich bin ein Feind des Kapitalismus. Ich bekämpfe ihn.

Dann muss man also schlicht und einfach den Kapitalismus abschaffen?

Meine liebe Zohra, die Antwort ist nicht einfach.

Einer Minderheit der Menschen, vor allem denjenigen, die die nördliche Hemisphäre bewohnen oder die zu den herrschenden Klassen der Länder des Südens gehören, haben die beeindruckenden industriellen, wissenschaftlichen, technologischen Revolutionen, die das kapitalistische System während der letzten zwei Jahrhunderte in Gang gesetzt hat, einen nie da gewesenen wirtschaftlichen Wohlstand gebracht. Die kapitalistische Produktionsweise beweist eine verblüffende Vitalität und Kreativität. Da die Eigentümer des Kapitals enorme Finanzmittel konzentrieren, menschliche Begabungen mobilisieren, sich Wettbewerb und Konkurrenz zunutze machen, kontrollieren die mächtigsten Eigentümer des Kapitals das, was die Wirtschaftswissenschaftler »problematisches Wissen« nennen, das heißt die wissenschaftliche und technologische Forschung auf so verschiedenen Gebieten wie Elektronik, Informatik, Pharmazie, Medizin, Energie, Luftfahrt, Astronomie, Materialwissenschaft und so fort.

Dank der von ihnen gesponserten Labors und Universitäten erzielen sie spektakuläre Fortschritte in der Biologie, Genetik, Physik etc. In den Laboratorien der Pharmaunternehmen – Novartis, Hoffmann-La Roche oder auch Sanofi – wird fast jeden Monat ein neuer Wirkstoff, ein neues Medikament entwickelt; an der Wall Street kommt fast alle drei Monate ein neues Finanzinstrument in Umlauf. Ununterbrochen steigern die transkontinentalen Nahrungsmittelunternehmen die Produktion, diversifizieren die Saatgüter, entwickeln immer rentablere Düngersorten, steigern die Ernten und erfinden immer wirksamere Pestizide, um sie zu schützen; die Astrophysiker beobachten andere Sternsysteme, die um ihre eigenen Sonnen kreisen, und entdecken fortwährend neue Exoplaneten; die Autoindustrie konstruiert jedes Jahr robustere und schnellere Fahrzeuge; Wissenschaftler und Ingenieure schicken immer leistungsfähigere Satelliten ins All; Tausende von Patenten, die Tausende von neuen Erfindungen auf allen Gebieten des menschlichen Lebens schützen, werden Jahr für Jahr von der WIPO, der Weltorganisation für geistiges Eigentum in Genf, erteilt.

Wenn ich dich recht verstehe, beeindruckt dich die kapitalistische Produktionsweise durch ihren Erfindungsreichtum und ihre schöpferische Kraft …

Genau, Zohra. Stell dir vor: Zwischen 1992 und 2002, während eines Jahrzehnts, hat sich das Bruttoweltprodukt – also die Summe aller auf der Welt in einem Jahr produzierten Güter – verdoppelt und das Welthandelsvolumen verdreifacht. Der Energieverbrauch verdoppelt sich im Durchschnitt alle vier Jahre.

Zu Beginn unseres Jahrtausends kommt die Menschheit zum ersten Mal in den Genuss eines Güterüberflusses. Der Planet ächzt unter seinen Reichtümern. Die verfügbaren Güter übersteigen die Grundbedürfnisse der Menschen um ein Vielfaches.

Also hat der Kapitalismus auch seine guten Seiten?

Die kannibalische Weltordnung, die er geschaffen hat, muss radikal zerstört werden, aber die wunderbaren Errungenschaften der Wissenschaft und Technik wollen wir nicht nur erhalten, sondern noch potenzieren. Die Arbeit, die Begabungen, der Erfindungsgeist des Menschen sollen dem Gemeinwohl – also allen Menschen – dienen und nicht nur der Bequemlichkeit, dem Luxus, der Macht einer Minderheit. Ich werde dir später erklären, unter welchen Bedingungen sich die neue Welt, von der die Männer und Frauen träumen, verwirklichen lässt. Im Augenblick lass mich dir erzählen, woher der Kapitalismus kommt.

II

Also, wie ist der Kapitalismus entstanden?
Das ist eine lange, sehr komplizierte Geschichte, weil der Kapitalismus nicht nur eine *wirtschaftliche Produktionsweise* ist, sondern auch eine *gesellschaftliche Organisationsform.* Sie hat mit dem Aufstieg und dem Niedergang sozialer Klassen zu tun. Alle diese Begriffe sind ein wenig abstrakt für dich, aber ich werde sie dir erklären. Man braucht sie, um die Lage der Dinge richtig zu verstehen.

Einen Augenblick. Bevor du zu theoretisch wirst, erkläre mir doch, woher das Wort Kapitalismus *kommt …*
Kapitalismus kommt von dem lateinischen Wort *caput,* das *Kopf* bedeutet, ursprünglich im wirtschaftlichen Sinne: die Kopfzahl des Viehbestands. Das Wort *Kapital,* das sich daraus entwickelte, nahm im 12. und 13. Jahrhundert die Bedeutung von Vermögen an, von Gewinn, der Geldmenge, die man gewinnbringend anlegen konnte. Der Begriff *Kapitalist* taucht erst viel später auf, im 17. Jahrhundert bezeichnet er zunächst den Eigentümer des Reichtums, dann den Unternehmer, denjenigen, der eine bestimmte Geldmenge in den Produktionsprozess investiert. Ab dem 18. Jahrhundert wird er häufig auf alle Personen angewendet, die reich sind. Der liberale englische

Ökonom David Ricardo, Verfasser der 1817 erschienenen Schrift *On the Principles of Political Economy and Taxation – Über die Grundsätze der Politischen Ökonomie und der Besteuerung* – verwendet ihn genauso wie 1840 der französische revolutionäre Anarchist Pierre-Joseph Proudhon in *Was ist das Eigentum?*.

Mitte des 19. Jahrhunderts kam das Wort *Kapitalismus* auf, fand aber erst im 20. Jahrhundert Eingang in den allgemeinen Wortschatz. Es findet sich ab 1850 bei dem Revolutionär Louis Blanc in der Bedeutung von *Aneignung des Kapitals durch die einen unter Ausschluss der anderen*, bei Proudhon und natürlich bei Karl Marx als wirtschaftliches und gesellschaftliches System, in dem das Kapital als Einkommensquelle generell nicht denen gehört, die es durch ihre Arbeit produzieren.

Ach so, jetzt weiß ich! Er hat den Marxisten ihren Namen gegeben. Ich habe Freunde, die sich Marxisten und Antikapitalisten nennen!

Du hast recht. Seit mehr als einem Jahrhundert berufen sich die Revolutionäre auf Karl Marx. Er ist bei Weitem der bekannteste der hier zitierten Philosophen. Zwanzig Jahre seines Lebens als Philosoph, Nationalökonom, Theoretiker und revolutionärer Kämpfer hat Marx der Niederschrift seines Buchs *Das Kapital. Kritik der politischen Ökonomie* gewidmet, trotzdem war das Werk bei seinem Tod im Jahr 1883 immer noch unvollendet. Von London aus, wohin er mit seiner Familie geflüchtet war, hat er am Beispiel der englischen Industrie und ihrer entsetzlichen Arbeitsbedingungen die wahre Natur des Kapitalismus enthüllt und damit dessen Opfern die Waffen geliefert, mit denen sie ihn bekämpfen können.

In Ordnung, Jean. Wenn ich dich richtig verstanden habe, ist das Kapital eine Geldmenge, die durch Arbeit produziert wird, eine Einkommensquelle, wenn man sie reinvestiert, und der Kapitalist der Eigentümer dieser Geldmenge, der sich die Einnahmen aneignet, indem er sie denen vorenthält, die sie durch ihre Arbeit produzieren. Richtig?
Ganz genau. Das Wort *Kapitalismus* verweist auf zwei fundamentale Gegebenheiten: das *Kapital* als Geldmenge und den *Kapitalisten* als Wirtschaftssubjekt oder gesellschaftlichen Akteur, der sich auf Kosten der Arbeiter bereichert.

Das kapitalistische System ist nicht vom Himmel gefallen. Es ist das Ergebnis jahrhundertelanger Kämpfe zwischen antagonistischen gesellschaftlichen Klassen … Blutiger, häufig unentschiedener Kämpfe.

Kannst du sie kurz zusammenfassen?
Sicher. Seit Jahrtausenden gibt es Reiche, die Güter im Überfluss besitzen – Ländereien, Werkzeuge, Zugänge zum Wasser, Paläste, Transportmittel, Delikatessen, Gold- und Silbergeschirr, kostbare Kleidung, Juwelen und so fort – und die Macht, die daraus erwächst. Einst besaßen diese Reichen auch Menschen, die für sie arbeiteten und sie bedienten, Männer, Frauen und Kinder, die keinerlei Freiheiten hatten und wie Waren verkauft und gekauft wurden. Der Besitzer hatte die Macht über Tod und Leben dieser *Sklaven.* Es handelt sich um ein sehr altes Gesellschafts- und Produktionssystem, das als *Sklavenhaltergesellschaft*

bezeichnet wird und in der gesamten Antike verbreitet war.

In der Schule hat uns der Lehrer gesagt, es gebe heute noch Kindersklaven, ich glaube in Mauretanien und auch anderswo, und im Fernsehen haben sie gezeigt, dass in Libyen junge afrikanische Migranten als Sklaven verkauft werden. Das stimmt. Aber als Produktionssystem, als allgemeine Organisationsform der Arbeit ist die Sklaverei – der Kauf und Verkauf von Menschen – glücklicherweise abgeschafft.

Im Prinzip hat das Christentum die Sklaverei verurteilt. Ich sage »im Prinzip«, weil die Europäer, als sie außerhalb Europas – für die in Amerika erbeuteten Bergwerke und Ländereien – Arbeitskräfte brauchten, nicht nur die einheimischen indianischen Völker versklavt haben, sondern auch noch bis Ende des 19. Jahrhunderts den Sklavenhandel mit Schwarzen aus Afrika betrieben und sie massenhaft deportiert haben, ohne dass die Kirchen Einspruch erhoben hätten.

In der christlichen Welt Europas hat sich im Mittelalter, nach dem Ende des Römischen Reiches, allmählich ein neues sozioökonomisches System durchgesetzt: der *Feudalismus* beruhte auf dem Grundbesitz – in Form des *Lehens* – und auf komplexen, hierarchischen Beziehungen zwischen den Herrschern – Kaisern, Königen, Fürsten, politischen Machthabern und Besitzern riesiger Ländereien – und den lokalen Grundbesitzern, den adligen Herren, ihren Vasallen, die selbst Lehnsherren weniger bedeutender Vasallen waren, bis hin zu den Menschen, die auf diesen Ländereien lebten. Wer keinen Grundbesitz hatte, zählte zu den Hörigen, die sich im Zustand der *Leibeigenschaft* befanden, also den Status von »Unfreien« hatten, wenn ihnen auch als Kindern Gottes, Brüdern und Schwestern im christlichen Glauben, bestimmte Rechte zugestanden wurden. Die Hörigen waren an den Boden gebunden und mussten für den Besitzer arbeiten, der ihnen im Gegenzug Schutz gewährte. Der Unterschied zwischen Sklaverei und Leibeigenschaft erwächst aus der Rechtsstellung des Leibeigenen: Er wurde nicht mit einer Sache gleichgesetzt wie der Sklave, sondern verfügte über eine Rechtspersönlichkeit: Er konnte heiraten, Besitz haben und durfte nicht verkauft werden. Soll ich fortfahren?

Ja. Aber ich habe eine Frage: Du hast gesagt, das Lehen sei die Grundlage des Feudalismus. Woher kommt dieses komische Wort?
Das Wort *Lehen* hängt mit *leihen* zusammen, es ist also *geliehener* Grundbesitz. Der Feudalismus ist ein politisches System, das auf Grundbesitz und Leibeigenschaft beruht. Sein besonderes Merkmal ist die Hierarchisierung der Lehen und der Personen. Er ist das Nervenzentrum eines komplexen Systems aus Verpflichtungen und Diensten freier Männer, der Vasallen. In der Regel waren es militärische Verpflichtungen, um das Territorium des Lehnsherrn zu verteidigen oder in seinem Namen andere zu erobern, manchmal auch die Verpflichtung, den Lehnsherrn durch seinen Rat zu unterstützen, wofür dem Vasallen ein Gut – ein Lehen, ein Vorteil – gewährt wurde. Der Lehnsherr schuldete seinem Vasallen Schutz und Unterhalt, wofür dieser ihm zu Treue und Ehrerbietung, zu Rat und Tat verpflichtet war.

Die Schwächung der öffentlichen Gewalt nach den Invasionen der Germanen, der asiatischen Reitervölker, der Wikinger und so fort, die vergeblichen Bemühungen der Karolinger, der Erben Karls des Großen, das Reich wiederherzustellen, die darauf folgende soziopolitische Krise – all das führte zur Konsolidierung des Systems nach dem Jahr 1000.

Gab es denn auch in den Städten Lehen?
Damit stellst du eine zentrale Frage. Ja, es gab Lehen in den Städten. Grund und Häuser befanden sich dort im Besitz adliger Familien. Doch in den Städten entwickelte sich gegen den Feudalismus und die Leibeigenschaft die neue kapitalistische Produktionsweise.

Als Zeitpunkt ihrer Entstehung nennt Marx das 16. Jahrhundert, und ihren Aufschwung sieht er am Ende des 18. Jahrhunderts, als eine Reihe von technologischen Revolutionen und die Mechanisierung der Arbeit so weit gediehen waren, dass sie dem Bürgertum, einer neuen Klasse, zu beträchtlichem Reichtum verhalfen. Diese Vorgänge analysiert Marx nicht im Detail, weil zu seiner Zeit die Kenntnis des Mittelalters noch ein wenig verschwommen war. Bestimmte Wege der Kapitalakkumulation durch Handwerker und vor allem Kaufleute lassen sich in den Städten schon sehr früh nachweisen, dort begann der Aufstieg des Bürgertums spätestens im 12. Jahrhundert.

Aber was du vor allem verstehen musst: Als gesellschaftliche Organisationsform ist der Kapitalismus eng mit den jahrhundertealten Kämpfen zwischen feindlichen gesellschaftlichen Klassen verbunden.

Feindliche gesellschaftliche Klassen … Also beispielsweise die bürgerliche Klasse gegen die Feudalklasse?
Genau. Kommen wir noch einmal auf das Ende der Sklaverei und seine logische Folge zurück.

Nachdem die Sklavenhaltergesellschaft in Europa untergegangen war, konnte der Grundbesitzer fortan keine zusätzlichen Arbeiter mehr kaufen, um die Produktivität zu steigern. Er musste andere Verbesserungen vornehmen – an seinen Arbeitsgeräten, dem Handelsnetz seiner Produkte, den Energiequellen, den Methoden zur Verarbeitung der Rohstoffe. Energiequellen, die man oft seit Langem kannte, aber kaum beachtet hatte, wurden jetzt erheblich verbessert und systematisch genutzt: Windkraft mittels Windmühlen, Wasserkraft mittels Wassermühlen, Holzkohle und so fort. Die handwerkliche Bearbeitung machte große Fortschritte: Die Textil-, Leder-, Holz- und Metallhandwerke erlebten einen enormen Aufschwung. In dem Bestreben, ihre Ländereien, Handwerksbetriebe, Handelsnetze und Arbeiter zu schützen oder ihren Einflussbereich und damit ihre politische Macht zu vergrößern, gingen die Feudalherren neue Bündnisse mit städtischen Gemeinschaften von Bürgern ein.

So vollzog sich während des 17. und 18. Jahrhunderts ein gesellschaftlicher, symbolischer, wirtschaftlicher und politischer Umbruch: Der Verfall der Feudalmacht kündigte sich an. Nach und nach wurde der Besitz von Werkzeugen und Maschinen wichtiger als Grundbesitz. Und der Besitz von Werkzeugen und Maschinen brachte eine neue Klasse hervor – das städtische Bürgertum. Dieser Besitz verlieh der neuen Klasse eine neue Macht, mit anderen Worten, eine *Gegenmacht* zu jener der Feudalherren. In der Folge entstanden Kommunen, Bürgergemeinschaften, die darum kämpften, den Stadtherren bestimmte Rechte abzutrotzen, das Recht auf Zollfreiheit, das Recht, sich selbst zu verwalten, ihre Arbeit und ihre Märkte zu organisieren, sich mit Milizen zu schützen, Münzen zu prägen, Gewichte und Maße zu kontrollieren und so fort.

Wie haben sich diese Kommunen durchgesetzt?
Es gab Revolten und sogar Revolutionen, die brutal niedergeschlagen wurden. Republiken wurden ausgerufen, denen aber keine Dauer beschieden war. Gelegentlich verbündete sich ein hellsichtiger Stadtherr mit den Vertretern des Bürgertums, weil er ihre Fähigkeiten schätzte. Manchmal verbündete der Stadtherr sich auch mit ihnen, weil er hoffte, dadurch seine Macht gegenüber den anderen Feudalherren vergrößern zu können, oder die Allianz wurde von einer objektiven geografischen Situation diktiert, wenn etwa das Schloss des Herrn in einer Stadt lag, in der durch den Einfluss des Bürgertums der industrielle Aufschwung besonders ausgeprägt war. In Paris befand sich beispielsweise das Schloss der Stadtherren auf der Île de la Cité, im Herzen der protoindustriellen Bürgergemeinde, in unmittelbarer Nachbarschaft der Seine-Mühlen.

Diese Bündnispolitik zwischen bestimmten Feudalherren und Bürgerkommunen, Handwerkern und Kaufleuten breitete sich seit dem 12. Jahrhundert überall in Europa aus. Sie hat entscheidend zur wachsenden Stärkung der kapitalistischen Bürgerklasse beigetragen. Ihr Triumph kam mit der Französischen Revolution, aber damit werden wir uns gleich beschäftigen.

Ich möchte, dass du mir ein bisschen mehr von Marx erzählst. Warum ist er so berühmt? Wie kommt es, dass junge Leute, meine Schulfreunde, von sich sagen, sie seien Marxisten?

Das ist eine gute Frage. Du lebst in der Schweiz und hast in einer Schweizer Schule leider wenig Aussichten, etwas über Karl Marx oder irgendeinen anderen radikalen Kritiker des Kapitalismus zu erfahren.

Marx war ein junger Philosophiestudent, der 1818 in Trier geboren worden war. Da er ein radikaler Gegner des autoritär regierenden preußischen Königs war, der damals auch über das Rheinland herrschte, wurde der fünfundzwanzigjährige Student des Landes verwiesen. Von da an – bis zu seinem Tod – lebte er im Exil, zunächst in Paris und Brüssel, dann in London. Aus der uralten, reichen jüdischen Kultur und einer genauen Kenntnis der Geschichte der revolutionären Bewegungen in Europa schöpfend, hat er dieses monumentale Werk hinterlassen, von dem schon die Rede war: *Das Kapital.*

1848 veröffentlichte er im Alter von 29 Jahren mit seinem Freund Friedrich Engels eine Kampfschrift mit dem Titel *Das Manifest der Kommunistischen Partei.* Der erste Band des *Kapital*, der einzige, der zu seinen Lebzeiten – 1867 – erschien, verkaufte sich nur schleppend. Trotzdem hat Marx' Werk die Welt zutiefst verändert und die wichtigsten Aufstände und Revolutionen des 19., 20. und beginnenden 21. Jahrhunderts in der nördlichen und südlichen Hemisphäre unseres Planeten inspiriert. Bis zu seinem Tod lebte er mit seiner Familie im Exil und war extrem arm. Jenny von Westphalen, seine wunderbare Frau, hat ihren Mann unterstützt. Zusammen mit deutschen und englischen Gewerkschaftern gründete Marx an einem regnerischen Februartag des Jahres 1864 in der Londoner St. Martin's Hall die Erste Internationale Arbeiterassoziation.

Warum findest du ihn so wichtig?
Weil er die erste umfassende Theorie des Kapitalismus geschaffen hat, die erste radikal kritische, außerordentlich lebendige, kenntnisreiche und intelligente Gesamtdarstellung. Sie hat viele nachfolgende Generationen antikapitalistischer Denker inspiriert. Im *Kapital* beschreibt er exakt, wie es zur Akkumulation des Mehrwerts kommt.

Einen Augenblick, was ist das, der Mehrwert? Ist das das Gleiche wie die Einkünfte?
Der Besitzer der Produktionsmittel – Kapital, Maschinen, Produktionsstätten, Rohstoffe etc. – zahlt den Arbeitern den geringstmöglichen Lohn, das Minimum dessen, was diese brauchen, um ihre Arbeitskraft wiederherzustellen – essen, schlafen, ein Dach über dem Kopf. Anschließend verkauft der Kapitalist das Produkt ihrer Arbeit auf dem Markt in Form von Waren. Der Unterschied zwischen einerseits dem Lohn, den der Arbeiter erhält, sowie den anderen Kosten, die die Produktionsmittel betreffen, und andererseits dem Gewinn, der durch den Verkauf der Waren erzielt wird, wandert in die Tasche des Kapitalisten. Dieser Gewinn heißt *Mehrwert*. Der Kapitalist reinvestiert

ihn in den Produktionsprozess. Und so fort. Unaufhaltsam wächst sein Kapital an, akkumuliert in unvorstellbarem Maß. Später werde ich dir von den unermesslichen Vermögen berichten, die sich in den Händen einiger unglaublich reicher Menschen angesammelt haben, und versuchen, dir einen Eindruck von ihrer fast grenzenlosen wirtschaftlichen, finanziellen, politischen, ideologischen – die Ideen betreffenden – Macht zu vermitteln. Man bezeichnet sie als *Oligarchen.*

Damit hast du mir noch nicht den Unterschied zwischen Mehrwert und Einkünften erklärt.

Die *Arbeitseinkünfte* sind die Löhne der Arbeiter oder das, was ein Selbstständiger im Rahmen seiner freiberuflichen Tätigkeit verdient. Die *Kapitaleinkünfte* können höchst unterschiedlich sein: Zinsen, die auf ein Darlehen gezahlt werden, eine Bodenrente, eine Miete, Gebühren aller Art für Patente, Lizenzen, Handelsmarken, Gewinne, die von den Unternehmen ausgeschüttet werden, etwa in Form von Dividenden an Anteilseigner einer Aktiengesellschaft. Der Mehrwert ist ein Teil der Einkünfte des Kapitalisten. Er entspricht dem Unterschied zwischen dem, was der Kapitalist in einen Produktionsprozess oder einen Verkauf investiert hat, und dem, was er verdient hat.

Okay, ich glaube, das habe ich verstanden.

Vorhin hast du mir gesagt, man bezeichne diese Kapitalisten, die sehr reich sind, als Oligarchen. *Woher kommt der Ausdruck?*

Er kommt von *Oligarchie*, einem Wort, das sich zusammensetzt aus griechisch *oligo*, wenig, und *kratos*, Macht, und das die *Herrschaft der Wenigen* bedeutet.

In dem eben beschriebenen Prozess haben wir gesehen, dass sich die Oligarchen den Löwenanteil sichern, während der eigentliche Produzent der Ware, der Arbeiter, von der Akkumulation ausgeschlossen ist; er gehört zum *Proletariat*, welches das Erbe der Sklaven und der Leibeigenen angetreten hat; er verfügt weder über Kapital noch über Produktionsmittel und ist deshalb zum Überleben auf *Lohnarbeit* angewiesen. Marx glaubte, die Arbeiter würden so sehr verelenden, dass bald niemand mehr die produzierten Waren kaufen könne und dass der Kapitalismus daher an sich selbst ersticken müsse. In diesem Punkt hat er sich geirrt. Vor allem im Westen haben die Arbeiter, ihre gewerkschaftlichen Organisationen, zwei Jahrhunderte lang erbitterten Widerstand geleistet. Sie haben den Kapitalisten, den von Kapitalisten beherrschten Staaten, erhebliche Zugeständnisse abgerungen – vernünftige Löhne, einen gewissen Schutz gegen Entlassung, Arbeitslosenversicherung etc.

Mit der Überzeugung, der Kapitalismus werde sich selbst vernichten, werde unter der Masse seiner letztlich unverkäuflichen Produkte ersticken, die Arbeiter im industriellen Westen würden unaufhaltsam verelenden, lag Marx falsch. Aber mit der Vorhersage der Entstehung kapitalistischer Oligarchien von weltumspannender Macht, unbegrenzter Akkumulation von Kapital in den Händen immer weniger und immer reicherer Menschen und der Ausgrenzung und Verelendung vieler Millionen Menschen in der Dritten Welt hat Marx recht behalten … Vor allem hat Marx verstanden, dass das kapitalistische Bürgertum

Verhältnisse schuf, die er in seinem *Manifest der Kommunistischen Partei* treffend charakterisierte. Dort heißt es: »Sie [die Bourgeoisie] ... »hat kein anderes Band zwischen Mensch und Mensch übriggelassen als das nackte Interesse, als die gefühllose ›bare Zahlung‹. Sie hat die heiligen Schauer der frommen Schwärmerei, der ritterlichen Begeisterung, der spießbürgerlichen Wehmut in dem eiskalten Wasser egoistischer Berechnung ertränkt. Sie hat die persönliche Würde in den Tauschwert aufgelöst [...].«

Kannst du mir noch folgen? Langweile ich dich?

Keineswegs! Ganz im Gegenteil! Ich höre dir aufmerksam zu.
Marx beschreibt eine zweite Form der Kapitalakkumulation, anders als die, die damals im Westen von den Herrschenden in den Industrie-, Handels- und Dienstleistungssektoren praktiziert wurde: Er nennt sie *ursprüngliche Akkumulation*.

Was ist das?
Um in die Produktion zu investieren, braucht man zunächst ein Kapital, nach Möglichkeit ein riesiges Kapital. Marx fragt sich, wie das zu Beginn der industriellen Revolution aufgebracht werden konnte. Hören wir, was er dazu im *Kapital* sagt. Ich zitiere wörtlich, weil seine Sprache wunderbar ist:

> »[...] aus allen Poren, blut- und schmutztriefend, so kommt das Kapital auf die Welt. Überhaupt bedurfte die verhüllte Sklaverei der Lohnarbeiter in Europa zum Piedestal die Sklaverei sans phrase in der neuen Welt. [...].

> Welthandel und Weltmarkt eröffnen im 16. Jahrhundert die moderne Lebensgeschichte des Kapitals [...]. Das Kolonialsystem reifte treibhausmäßig Handel und Schiffahrt. [...] Den aufschießenden Manufakturen sicherte die Kolonie den Absatzmarkt und eine durch das Marktmonopol potenzierte Akkumulation. Der außerhalb Europa direkt durch Plünderung, Versklavung und Raubmord erbeutete Schatz floß ins Mutterland zurück und verwandelte sich hier in Kapital.

Es sind im Wesentlichen Afrikaner – Männer, Frauen und Kinder –, die seit Beginn des 16. Jahrhunderts unter unvorstellbar grausamen Bedingungen mit ihrem Blut und ihrem Leben die erste Akkumulation des europäischen Kapitals bezahlt haben. Ich gebe dir ein Beispiel: 1773/74 gab es auf Jamaika mehr als 200 000 Sklaven auf 775 Plantagen. Eine einzige dieser Plantagen mittlerer Größe beschäftigte 200 Schwarze auf 1000 Morgen, davon 400 Morgen Zuckerrohr. Nach den äußerst genauen Berechnungen von Marx hat England allein im Jahr 1773 mit seinen Plantagen auf Jamaika einen Nettogewinn von mehr als 1 500 000 Goldpfund nach damaligen Wert erzielt. Mit diesem Geld wurden in England riesige Fabriken – vor allem in der Textilindustrie – errichtet. Aus der Vereinigung von Kohle und Eisen ist eine gewaltige Eisen- und Stahlindustrie hervorgegangen. Daraufhin sind Millionen Bauern und ihre Familien in die Städte geströmt. Erinnerst du dich noch an den Roman *Oliver Twist* von Charles Dickens, den Papa dir letztes Jahr zum Geburtstag geschenkt hat?

Ja, sehr gut. Ich weiß noch, dass Oliver am Ende sagt, arm zu sein sei die Hölle.
Genau. Die Elendsbehausungen, die eisige Kälte im Winter, der ständige Hunger, die bleichen, verhärmten Mütter, die gewalttätigen Männer, die Verachtung und Willkür der Polizei – Olivers Welt ist das Produkt der wilden Industrialisierung in London, die sich aus dem kolonialen Raub finanzierte. Victor Hugo sagte: »Aus der Hölle der Armen ist das Paradies der Reichen gemacht.«

Waren es also vor allem die afrikanischen Sklaven, die diese ursprüngliche Akkumulation mit ihrem Leben und ihrem Leiden bezahlt haben?
Nicht nur. Der »Mehrwert des Raubs«, wie ihn der späte Marx-Schüler Georg Lukács nennt, ist auch in erheblichem Umfang mit dem Blut der lateinamerikanischen Indios bezahlt worden.

Wie das?
Im letzten Jahr bist du mit deinen Eltern nach Spanien gereist. In Madrid hast du die Plaza Mayor und die Puerta del Sol gesehen, anschließend habt ihr in Kastilien den Escorial besucht, den prachtvollen Palast von König Philipp II.

Ja. Der war wunderschön, er hat mir sehr gefallen, auch wenn es da zu viele Touristen gab!
Nun, im Laufe von drei Jahrhunderten sind Millionen von Indios, häufig Kinder wie du, in den Bergwerken gestorben, damit die spanischen Könige diese Wunderwerke der

Architektur finanzieren konnten. Die Stadt Potosi, die auf dem bolivianischen Altiplano errichtet wurde, jener Hochebene, die damals Alto-Peru hieß, das »Hoch-Peru«, war 1543 die bevölkerungsreichste Ansiedlung Amerikas. Der Gipfel, der sie überragt, der Cerro Rico, der »Reiche Berg«, war buchstäblich von Tausenden von Silberadern durchzogen. In drei Jahrhunderten sind dort 40 000 Tonnen Silber abgebaut worden. Vier Millionen Indios, die den Völkern der Aymara, Quechua, Moxos, Guarani angehörten, haben dort ihr Leben gelassen.

Keinem Bergarbeiter war es gestattet, an die Oberfläche zu klettern, wenn er nicht das vorgeschriebene Gewicht an Silbererz bei sich trug. Die spanischen Wachen standen mit ihren Piken und Äxten ganz oben an den Leitern. Wenn ein Kind, ein Jugendlicher, eine Frau oder ein Mann versuchte, ohne sein »Soll« ans Tageslicht zu gelangen, wurde er oder sie unbarmherzig getötet oder in die dunkle Tiefe zurückgestoßen.

Zweimal im Jahr machten sich lange Maultierkarawanen, beladen mit Silber, Gold, Zinn oder anderen wertvollen Erzen, auf den Weg vom Altiplano hinab nach Lima an der Pazifikküste. Von dort wurden die Schätze nach Cartagena de Indias verschifft und dann weiter nach Havanna, dem Epizentrum des spanischen Kolonialreichs. Zweimal im Jahr überquerten diese Reichtümer dann, begleitet von Kriegsschiffen, den Galeonen der berühmten *Unüberwindlichen Armada,* – den Südatlantik. In Cádiz wurde die Ladung – Kisten voll Gold und Silber – dann gelöscht.

Und die Indios haben sich nicht dagegen aufgelehnt?
Sicher, aber im Allgemeinen vergeblich.

Kaiser Karl V. hat sich gerühmt, er herrsche über »ein Reich, in dem die Sonne niemals untergeht«. Vor der Ankunft der spanischen Plünderer belief sich die Bevölkerung Mexikos auf 37 Millionen, ungefähr die gleiche Zahl bevölkerte die Hochebenen der Anden. In Zentralamerika und der Karibik lebten ungefähr 10 Millionen Indios. Ende des 15. Jahrhunderts kamen die großen Kulturvölker der Azteken, Maya und Inkas insgesamt auf eine Gesamtzahl von 70 bis 90 Millionen Menschen. Ein Jahrhundert später waren es nur noch 3,5 Millionen. Das Kapital kam also in der Tat »aus allen Poren blut- und schmutztriefend« zur Welt.

Demnach waren die Spanier Verbrecher?
So gesehen, ja, aber sie waren nicht die einzigen. Frankreichs herrschende Klassen haben sich desselben Verbrechens schuldig gemacht. In puncto Grausamkeit kann sich ihre ursprüngliche Kapitalakkumulation durchaus mit jener der Iberer – Spanier und Portugiesen – oder der Engländer messen. Du kennst die Brücken, die Baudenkmäler, die prachtvollen Bürgerhäuser an den Pariser Boulevards, die Canebière in Marseille, die Paläste mit Blick auf die Garonne in Bordeaux. Sie wurden alle von den überseeischen Völkern mit ihrem Blut, ihrer Verzweiflung und ihrem Leiden bezahlt.

III

Du sprichst von den herrschenden französischen Klassen. Was ist damit genau gemeint?
Dazu muss ich dir von der Französischen Revolution erzählen. Die Französische Revolution ist der politische, ideologische und wirtschaftliche Triumph des kapitalistischen Bürgertums im Europa des 18. Jahrhunderts. Damals ergriff das Bürgertum die Macht, setzte die auf Veränderung drängenden Kräfte der Gesellschaft frei, schuf ein Regime und Institutionen, die seinen Interessen dienten, formulierte eine Ideologie, die seine Klasseninteressen legitimierte, und setzte sie durch. In den Mittelpunkt dieser Ideologie hat es den Begriff des Privateigentums gestellt. Erinnerst du dich, Zohra, was sich am 10. August 1792 Paris zugetragen hat?

Ich weiß, dass am 14. Juli 1789 der Sturm auf die Bastille stattfand, der den Beginn der Revolution einläutete. Aber der 10. August 1792 …?
Im Sommer 1792 wurde Frankreich, vor allem die Hauptstadt, von einer Hungersnot heimgesucht. Gerüchteweise verlautete, der König und die Königin hätten Berge von Lebensmitteln im Tuilerienpalast am Ufer der Seine versteckt. Seit drei Jahren war die Revolution im Gang. Die

aufständische Kommune von Paris, ihre Kampftruppen, organisierten einen Angriff auf die Tuilerien, wo der König und seine Familie lebten, im Wesentlichen beschützt von Schweizer Söldnern, die dem König Treue geschworen hatten. Unterstützt von zivilen Aufständischen, erfochten die Kampftruppen der Kommune einen mühelosen Sieg. Die meisten Schweizer brachten sie um, nur 334 (von 900) gelang die Flucht durch die Gärten. Am folgenden Tag wurde in der Rue du Faubourg-Poissonnière ein riesiger Graben ausgehoben. Dort hinein warf das Volk von Paris die Leichen der Schweizer.

Der Palast war leer. Der Hof war in Versailles. Im Palast hatten die Aufständischen weder Getreidevorräte noch Fleisch noch andere Lebensmittel vorgefunden. Stattdessen verließen viele die Gärten mit reicher Beute, mit Schmuck, Juwelen, Karren mit wertvollen Kommoden, vergoldeten Sesseln oder mit Edelsteinen eingefassten Uhren. Die bewaffneten Milizionäre der Kommune verhafteten die Plünderer und hängten sie zu Dutzenden am Ufer der Seine an den Laternen auf. So wurde sichtbar und sehr konkret demonstriert und bis auf den heutigen Tag festgeschrieben, welchen Wert die Bourgeoisie über jeden anderen stellt: das sakrosankte Prinzip des Privateigentums. Für die Führer der aufständischen Kommune bedeuteten Plünderung und Diebstahl einen unverzeihlichen Verstoß gegen dieses Prinzip … Selbst wenn der Geschädigte der verhasste König war.

Das Problem ist also das Privateigentum? Hätte man es verbieten müssen?
Mir scheint, dass im letzten Jahrzehnt des 18. Jahrhunderts der entscheidende Fehler gemacht wurde, dass von da an alles schiefgelaufen ist. Gewiss, die Französische Revolution, die Jakobiner, die Erste Republik haben die absolute Macht der Monarchie abgeschafft, den Feudalismus endgültig zerschlagen, die Leibeigenen befreit, die Souveränität des Volkes hergestellt und einem Großteil der Menschheit die Hoffnung auf ein Leben in Freiheit und Würde geschenkt. Die »Erklärung der Menschen- und Bürgerrechte« von 1789 und die Einführung der Laizität, die an die Stelle der unbeschränkten Macht der Kirche trat, sind zivilisatorische Errungenschaften, von denen heute noch Hunderte Millionen Menschen in aller Welt profitieren. Aber die vor allem durch die Jakobiner betriebene »Heiligsprechung« des Eigentums, die Grundlage der kapitalistischen Ausbeutung, hat zu jener Katastrophe geführt, unter der wir – auf schrecklichste Weise – heute leiden.

Wie konnte das schiefgehen? Hatte niemand daran gedacht, das Eigentum zu verdammen? Am Gymnasium haben wir uns mit der Abhandlung über den Ursprung und die Grundlagen der Ungleichheit unter den Menschen *von Jean-Jacques Rousseau beschäftigt. Am Anfang gibt es einen starken Abschnitt, ich habe das Buch hier, einen Augenblick, ich hab's gleich, Rousseau war offenbar zornig, als er ihn schrieb:*

> Der erste, der ein Stück Land eingezäunt hatte und es sich einfallen ließ zu sagen: dies ist mein und der Leute fand,

die einfältig genug waren, ihm zu glauben, war der wahre Gründer der bürgerlichen Gesellschaft. Wie viele Verbrechen, Kriege, Morde, wie viel Not und Elend und wie viele Schrecken hätte derjenige dem Menschengeschlecht erspart, der die Pfähle herausgerissen oder den Graben zugeschüttet und seinen Mitmenschen zugerufen hätte: »Hütet euch, auf diesen Betrüger zu hören; ihr seid verloren, wenn ihr vergeßt, daß die Früchte allen gehören und die Erde niemandem.«

Genau, das war Rousseaus Überzeugung. Ich denke, der Hauptschuldige ist Maximilien Robespierre. Am 24. April 1793 hat er vor dem Nationalkonvent erklärt: »Die Gütergleichheit ist eine Chimäre.« Einige Tage später wandte er sich an die Neureichen, die gerissenen Profiteure, die sich das Elend des Volkes zunutze machten, und versprach ihnen: »Ich will eure Schätze nicht antasten.« Zu diesem Zeitpunkt war Robespierre auf dem Gipfel seiner Macht, die Lichtgestalt der »Demokraten«, die für die Abschaffung der Sklaverei, der Todesstrafe, für das allgemeine Wahlrecht und gleiche Rechte für alle eintraten.

Aber warum hat sich Robespierre für die Reichen eingesetzt? Was hat er sich dabei gedacht?
Mein Verleger, Olivier Bétourné, ist nicht nur Präsident der Éditions du Seuil, sondern auch ein höchst beschlagener und scharfsinniger Historiker der Französischen Revolution und ein leidenschaftlicher Parteigänger Robespierres. Jedes Jahr am 28. Juli – dem Todestag von Robespierre – publiziert er in der Zeitung *Le Monde* eine Gedenkanzeige für

den Enthaupteten. Er rechtfertigt die katastrophale Strategie seines Idols mit folgendem Argument: Die Revolution habe sich den feindseligen Kräften der Koalition der Royalisten im Exil und der Gefahr einer ausländischen Invasion unter Führung der europäischen Monarchien gegenübergesehen. Die Wahrung der nationalen Einheit habe eindeutig Vorrang gehabt. Daher die absolute Garantie an die Adresse der Profiteure des Privateigentums, der Schutz der räuberischen Bourgeoisie. Olivier Bétourné hat versucht, mich von seiner These zu überzeugen, doch ungeachtet aller Bewunderung, die ich für ihn hege, lehne ich seine Rechtfertigung der Strategie Robespierres ab.

Warum?
Weil das Privateigentum, weil sein absoluter Schutz, selbst auf die Gefahr hin, dem Gemeinwohl zu schaden, der Kernpunkt des Problems ist, der Ursprung des monströsen Kapitalismus.

Aber ich wiederhole die Frage: Hat es keine Revolutionäre gegeben, die ihm widersprochen haben?
Gewiss! Aber ohne Erfolg und mit tragischen Folgen.

Viele Revolutionäre waren zutiefst von den Ideen Rousseaus beeinflusst. Gracchus Babeuf, Jacques Roux und andere verbündeten sich, um Robespierre heftig zu bekämpfen, die Profiteure der Revolution anzuprangern, die Abschaffung des Privateigentums zu propagieren und die Vergesellschaftung des Bodens und der Produktionsmittel durchzusetzen.

Ich will dir einige Abschnitte aus der letzten Rede von

Babeuf zitieren, einem der überzeugendsten und hellsichtigsten antikapitalistischen Texte, die ich kenne:

> Ihr Niederträchtigen, ihr schreit, man müsse den Bürgerkrieg verhindern, man dürfe die Fackel der Zwietracht nicht unter das Volk werfen. Und welcher Bruderkrieg ist empörender als derjenige, der alle Mörder auf einer Seite und alle wehrlosen Opfer auf der anderen präsentiert!
> Möge der Kampf beginnen um das berühmte Kapitel der Gleichheit des Eigentums!
> Möge das Volk alle alten barbarischen Institutionen stürzen! Möge der Krieg des Reichen gegen den Armen endlich diesen Anschein großer Kühnheit auf der einen und großer Feigheit auf der anderen Seite einbüßen. Ja, ich wiederhole: Alle Missstände sind auf ihrem Gipfel, sie können sich nicht verschlimmern, sie können nur durch einen totalen Umsturz beseitigt werden.
> Fassen wir das Ziel der Gesellschaft ins Auge. Fassen wir das gemeinsame Glück ins Auge und ändern wir nach tausend Jahren diese groben Gesetze.

Was ist mit Gracchus Babeuf und seinen Freunden geschehen?
Sie sind zum Tod verurteilt worden. Am Vorabend seiner Hinrichtung hat Babeuf versucht, sich das Leben zu nehmen. Halb ohnmächtig, blutüberströmt, den Kiefer gebrochen, so hat man ihn am Morgen des 27. Mai 1797 zur Guillotine gekarrt. Robespierre war bereits tot. Aber er hat den Kapitalisten den Weg zum Sieg gebahnt, den triumphalen Weg zur Herrschaft über die Erste Republik, das Direktorium, das Kaiserreich … und über alle anderen

Regierungen, die ihnen in Europa und in weiten Teilen der Welt folgen sollten. Mit den desaströsen Folgen, unter denen wir heute leiden.

IV

Jean, in der heftigen Fernsehdebatte hast du Brabeck einen Oligarchen genannt. Wie ich inzwischen weiß, gehört er demnach zu der kleinen Zahl von Personen, die die Macht besitzen. Aber was für eine Macht haben sie? Und wie wird sie ausgeübt?
Ich erkläre es dir, Zohra. Die Tendenz zur Multinationalisierung und Monopolisierung des Kapitals ist konstitutiv für die kapitalistische Produktionsweise. Ab einem bestimmten Entwicklungsgrad der Produktionskräfte erweist sich diese Tendenz als Notwendigkeit. Sie wird imperativ.

Ich verstehe diese Wörter nicht: Monopolisierung, Multinationalisierung, notwendige Tendenz, imperativ … *Kannst du mir die bitte erklären?*
Monopolisieren heißt, sich das in einer Volkswirtschaft verfügbare Kapital anzueignen, die Konkurrenz zu beseitigen, allein die Fähigkeit zu erwerben, ein Produkt bestimmter Art herzustellen, die Preise festzusetzen und so fort. Und *Multinationalisierung* bezeichnet den Umstand, dass diese Aneignung weltweit und nicht mehr nur im Inneren einzelner Volkswirtschaften stattfindet. Diese beiden Bewegungen – Monopolisierung und Multinationali-

sierung – werden durch Konkurrenz und die Suche nach dem größtmöglichen Profit hervorgebracht.

Die Entstehung gigantischer Unternehmen, die auf mehreren Kontinenten zugleich präsent sind und mehrere Hunderttausend Menschen beschäftigen, hat eigentlich erst in den letzten Jahrzehnten des 20. Jahrhunderts begonnen.

Warum haben sich Monopolisierung und Multinationalisierung so spät vollzogen?

Zwei Ereignisse spielten eine entscheidende Rolle. 1991 kam es zum Zusammenbruch der Sowjetunion und ihres Imperiums. Bis dahin lebte jeder dritte Bewohner unseres Planeten unter kommunistischer Herrschaft. Die Sowjetunion, die 1917 durch die Oktoberrevolution in Russland und die Machtergreifung der Arbeiterräte, genannt Sowjets, entstand, bildete nach dem Zweiten Weltkrieg und dem Sieg über Nazi-Deutschland mit ihren Satellitenstaaten den sogenannten »kommunistischen Block«, der den sogenannten »kapitalistischen Staaten« gegenüberstand. Natürlich verdiente die Sowjetunion die stolze Bezeichnung *kommunistisch* nicht. Die Gerontokraten im Kreml waren so kommunistisch wie ich buddhistisch bin. Unter dem Vorwand, eine Diktatur des Proletariats errichtet zu haben, charakterisierte sich dieses Regime durch die elitäre Herrschaft einer Kaste und die erzwungene Unterwerfung der großen Mehrheit. Genauso sah es in einer bestimmten Anzahl von Ländern aus, die diesem Block angeschlossen waren. Aber es existierte eine Bipolarität der Welt, eine Welt, die in zwei Lager geteilt war, zwei einander feindlich gesinnte Universen, die ein eiserner Vorhang trennte. Der Fall der Berliner Mauer im November 1989 und der Zusammenbruch der Sowjetunion fast zwei Jahre später haben diese territoriale und politische Zweiteilung des Planeten beendet.

Bis dahin war die kapitalistische Produktionsweise auf ein begrenztes Territorium beschränkt. Seit 1991 hat sie die Welt erobert, eine einzige Regulierungsinstanz – die unsichtbare Hand des Marktes – inthronisiert und der Entwicklung gigantischer Unternehmen Tür und Tor geöffnet.

Du hast von zwei Ereignissen gesprochen …

Der zweite Umstand, der die Entwicklung dieser gigantischen, die globale Wirtschaft beherrschenden Konzerne begünstigte, sind eine Reihe höchst beeindruckender technologischer Revolutionen auf dem Gebiet der Elektronik, der Informatik, der Astrophysik und der Telekommunikation, die sich dank der menschlichen Kreativität gegen Ende des 20. Jahrhunderts vor allem im Westen ereignet haben. Der Sputnik, der erste künstliche Satellit, wurde 1957 von der Sowjetunion ins All geschossen. Bereits 1964 war ein multinationales Unternehmen wie Intelsat in der Lage, die ersten Telekommunikationsdienstleistungen via Satellit anzubieten. Seither tummeln sich Tausende von Telekommunikationssatelliten in Erdumlaufbahnen. Gleichzeitig wurden extrem leistungsfähige Computer entwickelt, die es ermöglichten, höchst komplexe und zugleich sehr schnelle Finanz- und Handelsoperationen vorzunehmen. Diese Instrumente schufen die Voraussetzung für die Einrichtung unzähliger unterschiedlicher Profitzentren. Der Cyberspace hat den Planeten vereint.

Heute kommuniziert ein Angestellter des Hauptsitzes der UBS am Paradeplatz in Zürich mit der Zweigniederlassung seiner Bank in Tokio mit Lichtgeschwindigkeit – 300 000 km pro Sekunde.

Das ist superbeeindruckend. Du hast bereits auf die Leistung des Kapitalismus hingewiesen, die dich umhauen, könnte man sagen. Es liegt also am Sturz der Sowjetunion und an all diesen Erfindungen, dass eine neue Stufe erreicht wurde?
Du weißt, dass ich von 2000 bis 2008 der erste UN-Sonderberichterstatter für das Recht auf Nahrung war. In dieser Eigenschaft bin ich in den Glas- und Stahlpalast am Ufer des Genfer Sees in Vevey, dem Sitz der Hauptverwaltung von Nestlé eingeladen worden. Im Erdgeschoss sind auf einer riesigen Schautafel Hunderte von Fabriken, Lagern, Kaufhäusern, Profitzentren abgebildet, die Nestlé über unseren Planeten verstreut hat. Unzählige kleine Lämpchen in verschiedenen Farben blinken auf der Tafel. Hervorragend im Umgang mit Besuchern geschult, erklärt mir der Direktor, der mich begleitet: »Hier sehen Sie alle unsere Aktivitäten in Echtzeit auf allen Kontinenten ... Auf einen Blick erkennbar ... Das Wunder der modernen Computer. [...] Sie interessieren sich für die Zahl der Flaschen Perrier, die heute in unseren Anlagen in Marseille produziert wurden? Der Flaschen Pure Live in Karachi? Die Zahl unserer Arbeitnehmer in den Vereinigten Staaten, der Hektoliter Milch, die heute Morgen von unserem Unternehmen Chiprodal in

Chile verarbeitet wurden? Ich zeige Ihnen den entsprechenden Knopf…«

Diese unermesslichen Reiche, deren Errichtung und tägliche Verwaltung durch die Entwicklung der Kommunikationssatelliten und Rechner von höchster Leistungsfähigkeit ermöglicht werden, erzeugen Mehrwert und damit Kapital von astronomischen Ausmaßen.

Die Bilanzaktiva der Erdölgesellschaft Exxon Mobile sind größer als das Bruttoinlandsprodukt Österreichs, und die Aktiva von General Motors übertreffen das Bruttoinlandsprodukt Dänemarks.

Von allen Formen des Kapitals – Industrie-, Handels-, Immobilienkapital etc. – hat sich eine besondere Form verselbstständigt: das Finanzkapital. Dazu würde ich dir jetzt gerne etwas sagen.

Was heißt Finanzkapital? Ich dachte, bei Kapital handelt es sich immer um eine Masse Geld, also um Finanzkapital?

Nein. Für gewöhnlich unterscheidet man zwischen Wirtschaftskapital, dem Kapital, das ich dir vorhin beschrieben habe, und Finanzkapital. Die vielen Hundert Milliarden Euro oder Dollar an flüssigen Reserven der transkontinentalen Privatunternehmen sind ein Teil des Finanzkapitals. Dieses besondere Kapital beherrscht heute die Welt und unterwirft alle anderen Kapitalformen seinem Einfluss. Es hat nichts mit den durch Produktion oder Warenverkauf erworbenen Vermögen zu tun, sondern nur mit reinen Finanzvermögen. Lass mich erklären… Sein Biotop ist die Börse. Weißt du, was eine Börse ist?

Das ist eine Institution, an der man Aktien kauft und verkauft, nicht wahr? Mit aufgeregten Tradern, die wie verrückt rumschreien, das sieht man immer in amerikanischen Filmen …

Die Börse ist in der Tat eine Wirtschaftsinstitution der kapitalistischen Marktwirtschaft, wo Vermögen, Waren, Rohstoffe, Devisen, Wertpapiere etc. ausgetauscht, wo Kurse fixiert, Höchstpreise erzielt werden und um alle Transaktionen gekämpft wird. Das Finanzkapital schläft nie. Wenn die Trader – die Akteure dieses besonderen Marktes –, bis oben hin vollgedröhnt mit Kokain, weil sie immer hundertprozentig präsent sein und das irrwitzige Tempo mitgehen müssen, in Tokio erschöpft in ihre Betten sinken, kleben ihre Kollegen in London, Frankfurt und Paris schon wieder an ihren Bildschirmen, immer auf der fieberhaften Jagd nach dem ganz großen Spekulationscoup.

Und wenn die europäischen Trader erschöpft sind, stürzen sich die Spekulanten in New York, Montreal und Chicago auf ihre Rechner. Die Zirkulationsgeschwindigkeit der Information lässt den Planeten schrumpfen. Sie hebt die herkömmlichen räumlich-zeitlichen Beziehungen auf, die Verbindungen zwischen Zeit und Raum, die für frühere Kulturen charakteristisch waren.

Und vor allem: Das Finanzkapital hat eine regelrechte Diktatur über die Weltwirtschaft errichtet. Jeder Industrielle, egal, wie mächtig er ist, jeder Herrscher über ein Wirtschaftsimperium hängt von der Börse ab. Um sein Unternehmen zu gründen oder zu entwickeln, hat er sich die Hilfe von Investoren geholt, die dafür Aktien bekommen haben. Sein Unternehmen ist an die Börse gegangen, und der Wert der Aktien, der *Shareholder Value*, ist den Spielregeln des Börsenmarktes unterworfen. In immer schnellerem Rhythmus, von den Börsianern in Tokio oder New York getrieben, bestimmt er nicht nur seine Entscheidungen als Manager, sondern auch seine persönliche Karriere.

Und wer herrscht über das alles?
Wenn die deutsche Kanzlerin oder der Präsident der Vereinigten Staaten morgens in ihr Büro kommen, schauen sie sich als Erstes die Börsendaten vom Vortag an, um herauszufinden, wie viel Millimeter Spielraum sie für ihre Steuer- und Investitionspolitik haben.

Du fragst dich, wer über die Weltwirtschaft herrscht. Das sind genau diese *Oligarchen*, die Eigentümer des globalisierten Finanzkapitals, die winzig kleine Gruppe von Männern und Frauen unterschiedlicher Nationalität, Religion, Herkunft, aber alle einander ähnlich in ihrer Energie, ihrer Gier, in der Verachtung für die Schwachen, der Gleichgültigkeit gegenüber dem Gemeinwohl, der Blindheit für die Geschicke des Planeten und das Schicksal der Menschen, die auf ihm leben. Durch ihre Macht und ihren Reichtum sind sie die wahren Herrscher der Welt.

Jean, ich hätte gedacht, die Arbeitergewerkschaften und die linken Parteien könnten den Leuten, die du Herrscher der Welt *nennst, ein Minimum an Normen und an Verhaltensregeln abringen.*
Heute ist der Gewerkschaftskampf schwieriger denn je, Zohra. Die Zeiten, in denen die Arbeiter ihre Herren

kannten, sind vorbei. 1892 führten 3000 Bergleute und Glasmacher in Carmaux, im Departement Tarn, einen der erbittertsten Streiks in der Geschichte Frankreichs, der sich gegen die Verweigerung ihrer Rechte richtete. Öffentlich prangerte Jean Jaurès die Eigentümer dieser Minen an, den Marquis de Solages und den Baron Reille. Durch die öffentliche Meinung sahen sich diese beiden Männer schließlich gezwungen, den Forderungen der Bergleute nachzugeben.

Nichts dergleichen wäre heute möglich. Die Oligarchen, die Investmentfonds und andere Großaktionäre, die die Fabriken, Handelsfirmen, Banken und Aktiengesellschaften besitzen, agieren im Verborgenen. Nur selten kennt man ihre wahre Identität. Anonym, also unsichtbar, wohnen sie meist Tausende Kilometer von ihren Unternehmen entfernt.

Unter diesen Bedingungen ist es schwierig, sie zu enttarnen und die öffentliche Meinung gegen sie zu mobilisieren.

Aber ich weiß noch immer nicht, wie diese Allmacht der Oligarchien funktioniert. Das ist doch total ungerecht! Wie stellen sie es an, allen ihren Willen aufzuzwingen, selbst Staaten, die doch über Gesetze, Polizei und Armeen verfügen?

Ich will dir ein Beispiel geben, das ich selbst erlebt habe. Ich muss dazu etwas weiter ausholen, aber du musst wirklich verstehen, was die Allmacht dieser wenigen Reichen für die Menschen bedeutet.

Als Sonderberichterstatter der Vereinten Nationen für das Recht auf Nahrung führte mich eine meiner gefährlichsten und schwierigsten Missionen nach Guatemala. Das Land ist von hinreißender Schönheit, es umfasst zwischen Pazifik und Karibik mehr als 100 000 Quadratkilometer dichte Waldgebiete, fruchtbare Küstenebenen, Vulkanketten und felsige Hochplateaus. Dort leben fast 15 Millionen Menschen, die zum größten Teil der antiken Hochkultur der Maya entstammen. An der Pazifikküste erstrecken sich auf einem extrem fruchtbaren schwarzen Boden, so weit das Auge reicht, Plantagen, auf denen Bananen, Tomaten, Melonen, Ananas, Avocados, Kiwis angebaut werden. Eigentümer sind transkontinentale Privatunternehmen wie United Fruit, Del Monte Foods, Unilever, General Food und viele andere. Auf den Terrassen der Berghänge wachsen Kaffeesträucher. Die Nachkommen der Maya, die keine miserabel bezahlte Arbeit auf den *Fincas,* den Plantagen der Ausländer oder den Latifundien der Einheimischen, finden, werden mit ihren Familien auf die felsigen Hochplateaus vertrieben. Am Rande von tiefen Schluchten, auf den Kämmen der *Quebrada*s, an steilen Abhängen bauen sie ein paar Stängel Mais an, halten sich halb verhungerte Schweine, graben Brunnen und versuchen zu überleben. Sie hausen in Hütten aus Astwerk, die einstürzen, wenn die saisonalen Taifune über Zentralamerika fegen. Bis an mein Lebensende werde ich mich an die wenigen Tage erinnern, die ich mit meinen Mitarbeitern, den Dolmetschern, den Sicherheitskräften der UNO in der Sierra de Chocotan verbracht habe. Bei klarer Sicht sahen wir 2000 Meter unter uns die »schwarze Erde«: die Pflanzungen des amerikanischen Konzerns Del Monte, die sich über Dutzende von Kilometern erstreckten.

Wegen der großen Hitze waren wir gezwungen, vorwiegend nachts zu arbeiten. Wir waren dort, um uns über die Situation zu informieren, aber die Maya – die Frauen, vom Hunger gezeichnet, zahnlos, mit schönen schwarzen Augen, die Männer, die Jugendlichen – schwiegen beharrlich, erkennbar feindselig, den Blick auf den Boden gerichtet. Gegen Ende der dritten Nacht geschah ein Wunder. Man hatte uns eingeladen, auf den Holzbänken in der Mitte des Ortes Platz zu nehmen. Um uns herum hatte sich ein Kreis von Männern gebildet. Die Alten sprachen zuerst. Wir spürten das Staunen der Männer. Unser Besuch machte sie neugierig, vielleicht auch etwas unruhig, aber er begann sie zu interessieren.

Weiße, mit großen Geländewagen, weiß wie Schnee und mit einer blauen Flagge geschmückt, ohne Pistolen am Gürtel, ohne Arroganz, fremde Frauen und Männer, die offenbar nur gekommen waren, um zu reden, etwas über ihre Lebensbedingungen zu erfahren, ihnen zuzuhören, aufzuschreiben, was sie zu sagen hatten, Menschen, die es vielleicht sogar gut mit den Indios meinten … Die Dorfbewohner hatten offenbar keine Ahnung, was es mit der UNO auf sich hatte. Aber der Weiße, der sie mithilfe von Dolmetschern befragte, war augenscheinlich mächtig: Er war mit großen Autos gekommen, die Frauen und Männer, die ihn begleiteten, trugen schöne Kleidung. So fassten sie allmählich Vertrauen. Wir haben mit ihnen unsere mitgeführten Lebensmittelvorräte geteilt.

Heute besitzen in Guatemala 1,86 Prozent der einheimischen und ausländischen Grundbesitzer 67 Prozent der landwirtschaftlichen Nutzflächen. In diesem Land gibt es 47 extrem große Besitzungen, deren jede mehr als 3700 Hektar umfasst. Fast 90 Prozent der Grundbesitzer versuchen auf Parzellen von höchstens einem Hektar zu überleben.

Während meiner Tätigkeit als Sonderberichterstatter habe ich selten so lange an einem Bericht und seinen Empfehlungen gearbeitet wie an denen, die wir Guatemala widmeten. Die wichtigsten Empfehlungen, die wir erst dem Menschenrechtsrat und dann der Generalversammlung der Vereinten Nationen vorlegten, lauteten: ein nationales Grundbuch einrichten und eine Agrarreform durchführen; den Militärgerichten das Recht entziehen, über Bodenkonflikte zu entscheiden; die indigenen Gemeinschaften in die Lage versetzen, frei über den Boden und die Bodenschätze der von ihnen bewohnten Gebiete zu verfügen, das Streikrecht der Saisonarbeiter legalisieren; die Gewerkschaften der Plantagenarbeiter legalisieren; die Arbeitslosenversicherung auf Saison- und Landarbeiter ausweiten.

Das hast du durchgesetzt? Bravo!

Nein, eben nicht!

Bei der UNO muss jeder Einsatzbericht binnen sechs Monaten nach Beendigung der Mission beim Generalsekretär eingereicht werden. Der Generalsekretär genehmigt ihn und leitet ihn zur Debatte und Entscheidung zunächst an den Menschenrechtsrat und dann an die Generalversammlung weiter. Bei Annahme der Empfehlungen werden sie zu neuen Normen des Völkerrechts.

Ich wusste, dass unsere Aussichten auf einen Sieg minimal waren. Unsere Feinde waren wachsam, mächtig, entschlossen und gut organisiert. Die Niederlage war programmiert: Bei den Vereinten Nationen griff mich der Botschafter der Vereinigten Staaten, ein in Arizona ansässiger Milliardär der Pharmaindustrie, heftig und persönlich an, indem er mir vorwarf, »kommunistische Maßnahmen« vorzuschlagen, die dazu bestimmt seien, das Privateigentum zu untergraben und das freie Spiel der Marktkräfte zu lähmen …

Jede Agrarreform ist für Kapitalisten ein rotes Tuch, eine unverzeihliche Verletzung der sakrosankten Freiheit des Marktes und des Privateigentums. Die in Nordamerika beheimateten transkontinentalen Privatkonzerne hatten ihre Hausaufgaben gemacht: Der Botschafter war ihr »Papagei«. Bei den Vereinten Nationen hat die US-Regierung viele Satelliten, viele Lakaien. Sowohl im Menschenrechtsrat wie in der Generalversammlung kann sie problemlos eine Mehrheit von ihr genehmen Stimmen mobilisieren. Die transkontinentalen Privatunternehmen aus Nordamerika hatten beschlossen, meine Empfehlungen zu Fall zu bringen. Und so geschah es.

Und da kann man nichts machen? Das ist ja schrecklich!

Wohl wahr. Seit 1825 ist Guatemala unabhängig vom spanischen Reich, hat aber bis heute kein Grundbuch. Wenn ein Latifundienbesitzer seine Besitzungen vergrößern möchte, schickt er seine *Pistoleros* in das benachbarte Mayadorf; die erschießen ein paar Bauern, ein paar Frauen oder Jugendliche. Die restlichen Familien fliehen von Panik ergriffen ins Gebirge. Ohne Grundbuch fehlen die technischen Voraussetzungen für eine Agrarreform oder eine wie auch immer geartete Umverteilung des Grundbesitzes, weil eben die genauen Grenzen dieses Besitzes nicht bekannt sind. Unicef, das Kinderhilfswerk der Vereinten Nationen, hat seinen letzten Bericht über die Kinder in Guatemala 2015 veröffentlicht. In jenem Jahr starben in diesem Land 112 000 Kinder unter zehn Jahren am Hunger.

Aber diese amerikanischen Multis sind ja grauenhaft!
Natürlich, Zohra! Aber sie sind nicht die Einzigen, die so verfahren. Die Herren des globalisierten Finanzkapitals handeln keinen Deut anders in Afrika. Möchtest du ein Beispiel hören?

Unbedingt.
Ich wollte nie ein Handy haben. Jedes Mal, wenn ich auf dem Tisch unseres Hauses in Russin das schwarze Handy deiner Großmutter Erica liegen sehe, denke ich an Kivu. Kivu ist eine wunderschöne Region mit Savannen und Seen, die sich im Osten des Kongo am Fuße der Vulkanketten des Virunga-Massivs ausbreitet. Dort bauen Privatunternehmen in Bergwerksenklaven, die von schwer bewaffneten Milizen bewacht werden, Coltan ab. Man braucht dieses Erz, das heute kostbarer ist als Silber und Gold, für Flugzeugrümpfe, Handys und tausend andere Dinge, die für die Bewohner der Industriestaaten unverzichtbar sind. Es gibt nur ein Problem: Das Erz ist schwer zugänglich, die Schächte sind meist so eng, dass in ihnen nur schmächtige Kinder an Seilen heruntergelassen wer-

den können. Die Coltanadern liegen zehn bis zwanzig Meter unter der Erde. Die Felsen sind brüchig, Bergrutsche häufig. Dann werden die Kinder bei lebendigem Leib begraben und ersticken in den Schächten. Unermüdlich bereisen die Rattenfänger der Minenbarone die Dörfer in Nord-Kivu, um Kinder anzuwerben.

Die Hölle der Minen ist in dem Riesengebiet des Ostkongo nur allzu bekannt. Die Mütter kennen sie, die Kinder von zehn bis zwölf Jahren ebenfalls. Sie zittern vor Angst, wenn man die Schächte erwähnt. In Kivu wüten Hunger, Bürgerkrieg, marodierende Milizen, Plünderer der Maniokernten etc. Die Kinder wissen, dass ihre Familien nur überleben können, wenn sie in die Schächte hinabsteigen. Sosehr sie den engen Tunnel auch fürchten, die Mehrheit der Jungen und Mädchen folgt den Anwerbern der Minenbarone…

Aber unternimmt denn der kongolesische Staat nichts, um seine Bevölkerung zu schützen?
Den kongolesischen Staat gibt es in Kivu nicht. Um ein Beispiel zu nennen: Das Coltan wird auf Lastwagen verladen, die in Ruanda zugelassen sind, sie passieren die Grenze – die sogenannte »Große Barriere« – in Goma, erreichen Ruhengeri, dann Kigali; verlassen Ruanda, setzen ihren Weg in Kenia fort und erreichen den Hafen von Mombasa an der Küste des Indischen Ozeans. Von dort gelangt die kostbare Fracht auf die Industriemärkte von Japan, China, Europa, Nordamerika. Die Inbesitznahme riesiger Gebiete durch Glencore, Freeport-McMoRan, Rio Tinto und andere transkontinentale Konzerne nimmt im

Osten des Kongo vielfältige Formen an. Beispielsweise betreibt Glencore riesige Kupferminen. Beim Coltan ist das System anders: Kleine einheimische Firmen bauen das Erz ab. Zwischenhändler kaufen es auf und veräußern es an Gécamines; die staatliche kongolesische Minengesellschaft ist für Steinbrüche und Bergwerke zuständig – und sehr korrupt. Diese verkauft das Erz an die transkontinentalen Konzerne.

Niemals werde ich die verängstigten Blicke, die abgemagerten Körper der Kinder und Jugendlichen vergessen, die sich für einen Hungerlohn, und ständig bedroht von den Gewehren der Milizen, in den Coltanminen von Kivu abquälen. Die Region verfügt über fast 80 Prozent der weltweiten Vorkommen dieses eminent wichtigen Erzes. Der einzige Augenblick, in dem sich in jüngerer Zeit die internationale Presse für Kivu interessiert hat, war Weihnachten 2000. Die berühmte PlayStation 2 von Sony war aus den europäischen Kaufhäusern verschwunden, weil es kein Tantal mehr gab, das aus Coltan gewonnen wird.

Kümmert sich denn niemand um diese Kindersklaven?

Hunderte von Jungen und Mädchen, denen es gelungen ist, aus den mitten in den Wäldern gelegenen Bergwerkslagern zu entkommen, irren auf den Straßen von Bukavu und Goma umher. Nur wenige humanitäre Organisationen versuchen, ihnen zu helfen, ihre Wunden zu versorgen, ihnen Essen und eine Unterkunft zu bieten. Als besonders wohltuend erweist sich dabei Voix libres unter der Leiterin Marianne Sébastien, einer ganz außergewöhnlichen Frau aus Genf.

Unternimmt keiner etwas gegen diesen kriminellen Handel?
Präsident Barack Obama erließ am Ende seiner zweiten Amtszeit ein Gesetz, das die Identifizierung von Erzen verlangte, die unter unmenschlichen Bedingungen abgebaut werden. Diese sogenannten *Conflict-Minerals,* Konflikterze, durften auf dem nordamerikanischen Markt nicht mehr gehandelt werden.

Und das hat nicht geklappt? Es hat sich nichts verändert?
Nein, nicht wirklich... Die Bergbaugiganten, die über enorme Mittel verfügen, haben alles Erdenkliche getan, um das Gesetz Obamas zu unterlaufen. Glencore, die mächtigste im Bergbau tätige Unternehmensgruppe der Welt, hat ihre Holding, das heißt ihre Dachorganisation, die alle weltweit erwirtschafteten Gewinne einstreicht, in der Schweiz eingetragen, im Kanton Zug. In diesem Steuerparadies beträgt die jährliche Steuer für eine Holding 0,2 Prozent der erzielten Einkünfte. Im Reich von Glencore geht die Sonne niemals unter...

Wie können die Bergbaugesellschaften die Gesetze umgehen? Das muss doch ziemlich schwierig sein!
Sei unbesorgt, Zohra! Sie müssen sich keine Sorgen machen. Sie haben ihre ungeheure Macht in Washington geschickt ausgespielt. Präsident Donald Trump, der Nachfolger von Obama, hat vor den Bergbaugiganten gekuscht. Er hat das Gesetz abgeschafft.

Mit anderen Worten, diese kapitalistischen Privatunternehmen sind mächtiger als der mächtigste Staat der Welt?
Genau! Du hast es begriffen. Aber kommen wir auf den Kongo zurück …

Im Osten des Kongo, einem Gebiet, das doppelt so groß ist wie Frankreich, gibt es keine öffentliche Gewalt. Viele Minenbetreiber bezahlen weder Betriebsgenehmigungen noch Ausfuhrabgaben noch, wie sich von selbst versteht, einen einzigen Cent Steuern. Goma, das am Nordufer des Kivu-Sees liegt, im Schatten der höchsten Virunga-Vulkane, ist eine Stadt mit fast 400 000 Einwohnern. Aber in dieser Stadt gibt es praktisch kein funktionierendes Krankenhaus. Selbst alltägliche Medikamente fehlen. Ein Kind, das von einer Giftschlange gebissen wird oder eine Infektion bekommt, stirbt.

Ich hasse diese herzlosen Banditen!
Hassen ist nutzlos, Zohra. Wir müssen verstehen. Jean-Paul Sartre, von dem du schon in der Schule gehört haben dürftest, schrieb: »Um die Menschen zu lieben, muss man sehr stark hassen, was sie unterdrückt.« Das Schlüsselwort ist *was*, nicht *wer*. Das Problem ist nicht die moralische oder psychologische Verfassung dieser Herrscher der Welt oder ihre subjektive Absicht. Es geht also nicht darum, zu wissen, ob die Präsidentin oder der Präsident von Del Monte, Goldman Sachs, Unilever, Texaco oder Glencore ein guter oder ein schlechter Mensch ist. Denn sie sind alle dem Phänomen unterworfen, das wir in der Soziologie *strukturelle Gewalt* nennen. Wenn der Präsident von BNP Paribas oder Sanofi nicht den Börsenwert seiner Aktie –

die Kapitalrendite, auch *Shareholder Value* genannt – um 10 oder 15 Prozent pro Jahr steigert, wird er binnen Monaten aus dem Amt gejagt.

Sartre sagt: »Den Feind erkennen, den Feind bekämpfen.« Noch einmal: Einzelne Personen zu hassen, nützt gar nichts, wir müssen versuchen, die kapitalistische Weltordnung zu verstehen, ihr kannibalisches Wesen. Noam Chomsky, mein Kollege und Freund in Boston, bezeichnet die transkontinentalen Privatunternehmen als *gigantische unsterbliche Personen*. Ich nenne sie banaler die *kalten Monster*.

Jean, wenn die Menschen von der Allmacht der Oligarchen abhängig sind, wenn sich die Oligarchen ihnen gegenüber, aber auch einander gegenüber, unbarmherzig verhalten, ist die Menschheit dann nicht in großer Gefahr?

Genau das denke ich. Die Oligarchien des globalisierten Finanzkapitals entscheiden jeden Tag, wer auf diesem Planeten das Recht hat zu leben und wer dazu verurteilt ist zu sterben. Die Merkmale ihrer Politik sind extremer Pragmatismus und eine Vielzahl innerer Widersprüche. Im Inneren dieses Systems bekämpfen sich feindliche Fraktionen. Es ist in seiner Gesamtheit von unerbittlicher Konkurrenz geprägt. Untereinander liefern sich die Herrscher der Welt fortwährend homerische Schlachten.

Ihre Waffen sind Zwangsfusionen, Unternehmensverlagerungen, feindliche Übernahmeangebote, Errichtung von Oligopolen, Vernichtung von Gegnern durch Dumpingpreise oder Desinformationskampagnen. Mord ist seltener, aber diese Herren haben keine Scheu, im Notfall auch darauf zurückzugreifen.

Doch sobald das kapitalistische System in Gänze oder in einem seiner wesentlichen Teile bedroht oder auch nur infrage gestellt wird, bilden die Oligarchen und ihre Lakaien eine geschlossene Phalanx. Beseelt von ihrem Machttrieb, der Gier und dem rauschhaften Gefühl grenzenloser Verfügungsgewalt, verteidigen sie mit Zähnen und Klauen die Privatisierung der Welt. Der verdanken sie nämlich extravagante Privilegien, Pfründen ohne Zahl und persönliche Vermögen astronomischen Ausmaßes.

So kam es zu meinem Scheitern in Guatemala.

Aber warum erheben die Regierungen dieser ausgebeuteten Länder keinen Protest? Sind sie ohnmächtig angesichts solcher Finanzmacht?

Deine Frage ist berechtigt. In Wirklichkeit sind die Oligarchen nicht die einzigen Schuldigen. Zur Vernichtung und zum Elend, das den Völkern angetan wird durch die Raubritter des globalisierten Finanzkapitals, durch ihr militärisches Imperium und durch ihre Söldner der internationalen Handels- und Finanzorganisationen, kommen die katastrophalen Folgen von Korruption und Veruntreuung hinzu, die in zahlreichen Regierungen – vor allem der Dritten Welt – gang und gäbe sind. Denn die Weltordnung des Finanzkapitals kann nicht ohne die aktive Komplizenschaft und die Korruption der einheimischen Regierungen funktionieren. Der Zürcher Pastor Walter Hollenweger beschreibt diese Situation so: »Die obsessive und grenzenlose Habgier der Reichen bei uns in Verbindung mit der Korruption, die von den Eliten zahlreicher sogenannter Entwicklungsländer praktiziert wird, erweist sich als ein gigantisches Mordkomplott… Überall in der Welt und an jedem Tag wiederholt sich der Kindermord von Bethlehem.«

V

Du sagst, der Kapitalismus sei ein globales System. Das heißt doch, dass wir – du und ich – in diesem System leben. Aber wir sind nicht unglücklich!
Richtig, du und ich, wir stecken da mit drin. Doch in diesem zutiefst ungleichen System gehören wir ganz bestimmt zu denen, die am wenigsten leiden. Wir haben von der Globalisierung gesprochen, von der erdumspannenden Herrschaft dieser oligarchischen Eigentümer des globalisierten Finanzkapitals …

Ja, ich hab's kapiert.
Sehr schön! Der Begriff *Globalisierung* kann in die Irre führen. Die Welt, die die Kapitalisten geschaffen haben und über die sie herrschen, ist nicht homogen, sondern eine Welt, die einem Archipel ähnelt.

Was soll das heißen? Die Schweiz ist keine Insel!
Das ist eine Metapher. Ein Archipel ist eine Ansammlung von Inseln, die nahe beieinanderliegen und wichtige Beziehungen unterhalten. Analog dazu sprechen einige Soziologen von einer *Archipel-Wirtschaft;* gemeint sind die Wirtschafts- und Finanznetzwerke der Metropolen und der großen Industriezentren des Planeten, die untereinander

durch starke wechselseitige Beziehungen verbunden sind und die Mosaiken der Nationalstaaten überlagern. Zwischen diesen Wohlstandsinseln fallen ganze Länder aus der Geschichte. Sie sind wie Geisterschiffe. Du dagegen befindest dich auf einer der wohlhabendsten, mächtigsten Inseln dieses Archipels – in Westeuropa. Wir leben in dem kapitalistischen System. Die Gesellschaftsform, die unser kollektives Leben charakterisiert, ist heute die Konsumgesellschaft.

Klar, darüber haben wir in der Schule gesprochen. Die Werbung veranlasst uns zum Kaufen, Mode und all das … Wenn ich durch die Stadt gehe oder zusammen mit Mama eines der riesigen Einkaufszentren im benachbarten Frankreich besuche, frage ich mich immer, wer diese Tonnen von Waren kaufen soll …

Die Konsumgesellschaft ist eine Gesellschaft ganz besonderer Art. Die Kapitalisten haben sie nach dem Zweiten Weltkrieg, in den Jahren von 1950 bis 1960, auf den Wohlstandsinseln des Archipels entwickelt. Nach dem Krieg musste man wieder eine Friedenswirtschaft schaffen. Um den Kapitalismus am Leben zu erhalten, um die Kapitalakkumulation zu sichern und um ständig wachsende Profite zu erzielen, brauchte man eine Produktion, die sich in immer schnellerem Rhythmus steigerte, diversifizierte, kompetitiver und innovativer wurde. Die Folge: Ihren Mitgliedern hat die Konsumgesellschaft den »Überfluss« geschenkt. Die Ware ist ihre Göttin, der die Konsumenten ihre Seele verkaufen.

Die Konsumgesellschaft beruht auf einigen einfachen

Prinzipien: Ihre Mitglieder sind Kunden, die dazu verführt werden zu kaufen, zu konsumieren, Güter in ständig wachsender Zahl wegzuwerfen und immer neue Güter zu erwerben, selbst wenn sie sie nicht wirklich brauchen. Diese Güter sind für eine kurze Lebensdauer gedacht und gemacht.

Deine Großmutter Erica hat mir erzählt, dass sie und ihre Freundinnen, als sie jung waren, ein Vermögen für ihre Strümpfe ausgaben, die beim geringsten Anlass Laufmaschen bekamen. Der Grund war, dass die Strümpfe, die in den Nachkriegsjahren auf den Markt kamen, so haltbar waren, dass die Verkaufszahlen einbrachen. Daraufhin haben die Hersteller die Dosierung der Nylonbestandteile verändert: Die Strümpfe bekamen Laufmaschen. Praktisch jede Woche mussten die armen Frauen sie ersetzen.

Oder nehmen wir heute die Handys! Das sind zerbrechliche Objekte. Und jedes neue Modell ist mit immer raffinierteren Funktionen ausgestattet. Eine Software jagt die nächste! Also muss man schon bald einen neuen Apparat kaufen. Die Handys sind so konzipiert, dass sie möglichst rasch ausgetauscht werden müssen.

Als *programmierte Obsoleszenz* bezeichnet man die vorsätzliche Verkürzung der Lebensdauer eines Produkts. Es geht darum, seine Erneuerungsfrequenz zu beschleunigen. Einige Hersteller entfalten einen bewundernswerten Erfindungsreichtum, wenn es gilt, die Haltbarkeit ihrer Produkte zu verringern. Was würde geschehen, wenn unsere Glühlampen 20 Jahre hielten? Möglicherweise würden die Glühlampenproduzenten pleitegehen. Offensichtlich haben sich die Industriellen aufgrund dieser Logik darauf verständigt, die Lebensdauer ihrer Produkte zu programmieren. Aber in Frankreich gehen jedes Jahr 40 Millionen Produkte kaputt und werden nicht repariert. Tausende von Tonnen Abfall! Inzwischen sind die Regierungen besorgt … wegen der Kosten und Umweltschäden, die durch die »Verdauung« dieses Abfalls anfallen.

Du hast gesagt, dass die Leute Dinge kaufen, die sie nicht brauchen. Ich bin mir bewusst, dass mir das auch passiert. Die Verbraucher werden also dazu gebracht, über ihre Bedürfnisse hinaus zu konsumieren. Sind wir blöd, oder was? Ist es die Macht der Mode? Bei mir ist es einfach der Wunsch, mich genauso zu verhalten wie meine Freundinnen …

Tatsächlich übernimmt es die Konsumgesellschaft selbst, deine Bedürfnisse zu definieren. Immer neue Wünsche werden dem Verbraucher ins Hirn geträufelt, eingepflanzt.

Die Kleidermode – auch die Mode für euch, die jungen Leute – ändert sich jedes Jahr. Du hast zweifellos viele Freunde, denen es peinlich wäre, Jeans, T-Shirts oder Jacken zu tragen, die aus der Mode sind. Auch du gehst mit der Mode, um dich wohl in deiner Haut zu fühlen. Die Eltern haben die Last damit. Die Instrumente, mit denen die Kapitalisten diese Bedürfnisse erzeugen, heißen *Marketing* und *Werbung*, zwei der unseligsten und dümmsten Tätigkeiten, die die Menschheit je erfunden haben.

Denk an dein Dorf Choulex: Auf den meisten Briefkästen findest du den Aufkleber »Keine Werbung bitte«.

Stimmt, auf unserem Briefkasten ist auch so einer.
Ja, aber letztlich nützt er nicht viel, allenfalls offenbart er die legitime Verärgerung über die vielen nutzlosen Drucksachen, die zum Konsum auffordern. Die Werbefuzzis sind raffiniert. Sie verfolgen den Konsumenten, wohin er auch geht, kreisen ihn ein, belästigen ihn mit Anrufen, drängen ihm ihre sogenannten *Messages*, ihre Botschaften, auf.

Bevor du im Fernsehen Nachrichten sehen kannst oder eine andere Sendung, die dich interessiert, musst du eine Unzahl von idiotischen *Messages* über dich ergehen lassen. Genauso im Kino. Wenn du einen Film sehen willst, musst du vorher mindestens fünfundzwanzig Minuten lang eine Folge von Werbespots ertragen, die sich untereinander an Schwachsinn überbieten. Im Internet ist es noch schlimmer. Und da nicht wenige Menschen ständig auf ihr Handy starren, werden sie fortwährend mit unterschwelligen Signalen bombardiert, mit Informationen, die unterhalb ihrer Bewusstseinsebene bleiben. Trotzdem wirken sich diese Botschaften unweigerlich auf ihr Verhalten aus.

Was soll ich gegen solche Werbung machen? Ich gehe nun mal gern ins Kino!
Du kannst nichts dagegen machen, höchstens die Augen verschließen, die Ohren verstopfen, die Werbung mit Verachtung strafen, widerstehen. Die Werbefuzzis sind überall. Sie verschmutzen sogar den öffentlichen Raum. Man hat Bürgerinitiativen gegründet, vor allem in Frankreich, um den öffentlichen Raum zu befreien und privates Plakatieren zu verbieten. Vergeblich! Die sakrosankte Frei-

heit des Marktes hat den Behörden den Sinn vernebelt. Sie haben sich gegen die Bürger und für den Konsumzwang entschieden. Immerhin sind Gesetze verabschiedet worden, die die Plakatwerbung am Rande der Ballungszentren reglementieren. Das ist sicherlich besser als gar nichts, aber …

Die Söldner des Marketings und der Werbung spielen eine Schlüsselrolle in dieser Konsumgesellschaft: Sie erschaffen, erregen und inspirieren den Konsumwunsch; sie lenken das Verhalten des Konsumenten; sie machen aus dem *Shopping* – ein englisches Wort, das mit dem Aufstieg der Konsumgesellschaft Eingang in unseren Wortschatz gefunden hat – ein Freizeitvergnügen, eine touristische Attraktion, ein Vergnügen an sich. Frag deinen Bruder Theo, der in Boutiquen für Jugendliche Schlange steht, um irgendein angesagtes Kleidungsstück zu bekommen, und das trotz meiner Vorhaltungen! Und all das für den höheren Profit der Hersteller und Vertreiber, mit anderen Worten, der Kapitalisten.

Aber die Menschen sind zufrieden!
Es ist normal, dass die Menschen zufrieden sind, wenn sie sich ihre Wünsche erfüllen können, auch wenn diese Wünsche von anderen erzeugt, ihnen von »Fremden« ins Gehirn gepflanzt werden.

Leider hat diese Überflusswirtschaft auch ihre dunklen Seiten: den Abbau der Rohstoffe und der für die Herstellung der Produkte erforderlichen Energie, die Ungleichheit des Zugangs zum Überfluss, die Entsorgung der Abfälle, die Okkupation des Bewusstseins durch den individuellen, zwangsläufig egoistischen Konsum, das ängstliche Streben nach ausreichenden Einkünften für diese Konsumform, die Relativierung, wenn nicht Geringschätzung des Gebrauchswerts. Und die Tatsache, dass drei Viertel der Menschheit keinen Zugang zum Überfluss haben.

Aber was kann ich dagegen tun? Ich möchte nicht, auch nicht unbewusst oder gegen meinen Willen, Komplizin dieser Gesellschaft sein!

Denk an die Kleidung, die du trägst! Deine Eltern kaufen sie in Läden mit bekannten Logos. Diese Läden gehören Produktionsgesellschaften, die fast alle ihre Textilien, Schuhe, Accessoires zum niedrigstmöglichen Lohn in den »Sonderproduktionszonen« von Bangladesch, China, den Philippinen und Taiwan anfertigen lassen. Einige Hersteller wie etwa Zara setzen gleichzeitig auf Qualität, Niedrigpreise und Quantität. In kürzester Zeit haben sie einen riesigen Markt erobert, weil sie gut geschnittene Kleidung von guter Qualität zu unglaublich niedrigen Preisen verkaufen und damit die Konkurrenz ausschalten.

In meiner Eigenschaft als Sonderberichterstatter der Vereinten Nationen für das Recht auf Nahrung habe ich Bangladesch und seine Hauptstadt Dhaka besucht. Nie werde ich diese grauen Betonkasernen mit ihren zehn bis zwölf Stockwerken, den zerbrochenen Fenstern, dem schmutzigen Mobiliar und den engen wackeligen Treppen vergessen, die die Vororte der Hauptstadt verschandeln. Rund um die Uhr lösen sich die Scharen junger Frauen an den Nähmaschinen ab. In Bangladesch gibt es ungefähr 6000 Bekleidungsfabriken. Diese Produktionsstätten gehören Geschäftsleuten aus Indien, Bangladesch, Taiwan und Südkorea, von denen viele ausgesprochene Aasgeier sind. Als Zuschneiderinnen und Näherinnen produzieren diese Sklavinnen für die bekanntesten Marken der Welt Jeans, Jacken, Hosen, Hemden, T-Shirts, Unterwäsche, Fußballschuhe und -bälle. Die transkontinentalen Konzerne der Bekleidungsindustrie und ihre asiatischen Subunternehmer in Bangladesch erzielen astronomische Gewinne.

Die Schweizer NGO Public Eye hat die Entwicklung des von diesen Frauen produzierten Mehrwerts analysiert. Eine Jeans der Marke Spectrum-Sweater wird in Genf für 66 Schweizer Franken verkauft, also ungefähr 54 Euro. Von dieser Summe erhält die Schneiderin in Bangladesch im Durchschnitt 25 Eurocent.

2018 betrug der gesetzliche Mindestlohn in Bangladesch 51 Euro im Monat. Laut der Gewerkschaftsallianz Asia Floor ist jedoch ein Monatslohn von 272 Euro erforderlich, um das Existenzminimum einer vierköpfigen Familie zu sichern.

Die Schneiderinnen, die diese Textilien herstellen, müssen sich nicht nur mit der Unterernährung ihrer Kinder und der eigenen Not abfinden, sondern auch damit rechnen, dass ihre schlecht gewarteten Betonkasernen einstürzen können. So kam es 2013 zum Einsturz des Rana Plaza, eines baufälligen zehnstöckigen Fabrikgebäudes in Dhaka, das 1138 Personen, überwiegend Mütter und junge Mädchen, unter seinen Trümmern begrub. Keiner der Verantwortlichen wurde verurteilt.

Ich weiß, dass auch andere Dinge weit von uns entfernt auf diese Art hergestellt und sehr billig verkauft werden, beispielsweise Spielsachen …
Aber ja, Zohra, davon träumen die meisten Kapitalisten: Um Profit zu machen, muss man mit möglichst niedrigen Kosten produzieren, indem man die Arbeiter unterbezahlt, und über einen riesigen Markt in den Wohlstandsgesellschaften verfügen, um diese Waren zu vertreiben. Es lässt sich unschwer erraten, in welchen Sektoren das am besten klappt: Bekleidung, Spielzeug, Handys etc.

Eines der größten Risiken, das den Arbeitern und Arbeiterinnen in den Fabriken des Westens heute droht, ist die Auslagerung ihrer Produktionsstätten in Länder, in denen die Löhne skandalös niedrig sind und der soziale Schutz schwach oder gar nicht vorhanden ist. Sie zahlen auch den Preis dafür: mit einer Arbeitslosigkeit, die permanent zu werden droht.

Kann denn niemand der Konsumgesellschaft entgehen?
Solange die Kapitalisten über unseren Planeten herrschen, nein!

Du bist nicht nur durch den Konsumzwang ein Teil dieses Systems, der Kapitalismus hat dich auch auf tausend andere Arten im Griff.

Die Kapitalisten sind im Begriff, unseren Planeten systematisch zu zerstören. Egal, auf welcher Insel des Archipels du lebst, die Umweltverschmutzung kann dich töten oder zumindest schwer erkranken lassen. In zahlreichen Metropolen lässt sich die Luft nicht mehr atmen, weil sie voller Giftstoffe ist, die die Atemwege angreifen und

Krebs verursachen. Genauso werden Millionen Menschen durch das verschmutzte Wasser von Quellen, Grundwasser und Flüssen vergiftet und krank gemacht. Und die Verunreinigung des Wassers, die unzureichende Abwasserentsorgung haben nicht nur in Ländern der Dritten Welt tödliche Folgen …

In den Industrieländern kommen Angestellte und Arbeiter ständig mit giftigen Materialien in Berührung – etwa mit Asbest, einem mineralischen Produkt, das in Zement und Isolierungsstoffen verwendet wird und dessen Aufnahme über die Atemwege Krebs hervorruft. Auch die Schadstoffbelastung am Arbeitsplatz kann zu Krankheit, Leid und Tod führen.

Also bin ich den schädlichen Auswirkungen des Kapitalismus selbst in der Schweiz unterworfen, selbst in Choulex, weit draußen auf dem Land?

Natürlich! Nimm unsere Nahrung. Ich weiß, dass deine Eltern die industrielle Tiefkühlkost meiden. Sie kaufen Gemüse und Obst frisch auf dem Markt. Aber Lebensmittel, die von Pestiziden vergiftet sind, finden sich überall. Diese Gifte lassen sich nur schwer vermeiden. Die französischen Bauern haben im vergangenen Jahr auf ihren Nutzflächen 14000 Tonnen Pestizide versprüht – die dann in Weintrauben, Karotten oder Milch anzutreffen sind.

Um ihre Kälber und Schweine gegen Infektionen zu schützen – und damit sich selbst vor dem finanziellen Ruin –, stopfen die meisten Bauern ihre Tiere mit Antibiotika voll, die dann zwangsläufig in den Koteletts und

Beefsteaks auf unseren Tellern und dann in unserem Magen landen.

Nach einer Untersuchung der Europäischen Union nimmt jeder Verbraucher in Europa jährlich mit seiner Nahrung das Äquivalent von fünf Litern Pestiziden auf.

Nehmen wir ein jüngstes Beispiel. Glyphosat ist das bei Weitem meistverwendete Herbizid in Europa. Nach praktisch allen verfügbaren medizinischen Studien kann es Krebs hervorrufen. Trotzdem hat die europäische Kommission im Oktober 2017 unter dem Druck der agrochemischen Konzerne einen neuen fünfjährigen Nutzungszeitraum dieses Produkts genehmigt, ungeachtet der Tatsache, dass eine Million Menschen in einem Bürgerbegehren das sofortige Verbot des Herbizids verlangten.

In einem Bericht der Weltgesundheitsorganisation von 2016 heißt es: Rund 62 Prozent aller Krebserkrankungen in Industrieländern sind auf die Auswirkungen eines gestörten Ökosystems oder eine unangemessene, industrielle Ernährung zurückzuführen. Soll ich fortfahren?

Ja! Das interessiert mich.

Wie du in der Schule gelernt hast, sind die großen tropischen Wälder die grünen Lungen unseres Planeten. Sie schützen die Ozonschicht und sorgen für eine lebensfreundliche Atmosphäre. Von allen Umweltschäden, die auf das Konto des multinationalen Finanzkapitals gehen, ist die Vernichtung der Urwälder einer der schlimmsten. Die transnationalen Holzunternehmen zerstören sie durch übermäßige Abholzung. Außerdem sind die riesigen agroindustriellen Konzerne ständig auf der Suche nach neuen

Nutzflächen für die Ausdehnung ihrer Plantagen oder die Erweiterung extensiver Rinderhaltung. Aus diesem Grund verbrennen sie jährlich viele Tausend Hektar Urwald.

Heute bedecken die tropischen Wälder nur noch ungefähr 2 Prozent der Erdoberfläche, beherbergen aber immer noch fast 70 Prozent aller Pflanzen- und Tierarten. Im Laufe des letzten halben Jahrhunderts hat sich die globale Gesamtfläche der Urwälder dramatisch verringert: 18 Prozent des afrikanischen Waldes, 30 Prozent der ozeanischen und asiatischen Wälder, 18 Prozent der lateinamerikanischen und karibischen Wälder sind zerstört worden.

Die Biodiversität, die biologische Vielfalt, weist einen alarmierenden Rückgang auf. Tag für Tag werden Pflanzen- und Tierarten unwiderruflich vernichtet, zwischen 1995 und 2015 sind mehr als 50 000 Arten ausgelöscht worden.

Jean, ich habe einen Artikel über den größten Urwald der Welt gelesen, den Amazonas-Regenwald. Das Amazonas-Becken umfasst ungefähr sechs Millionen Quadratkilometer. Mehr als 500 000 Quadratkilometer Wald sind in diesen letzten 25 Jahren verschwunden, das entspricht ungefähr der Fläche Frankreichs. Das ist der Wahnsinn!

Tatsächlich, du bist gut unterrichtet, Zohra. Das Institut zur Erforschung des Weltraums in São Paulo überwacht das Amazonas-Becken mithilfe von Satelliten, indem es regelmäßig das Fortschreiten der Versteppung fotografiert. Das Institut hat mit dieser Überwachung 1992 begonnen. Seither sind mehr als 530 000 Quadratkilometer vernichtet worden.

Du weißt, dass es Milliarden Insekten von einer unglaublichen Vielfalt in Hinblick auf Größe und Farbe gibt, die in der Natur unzählige verschiedene, aber ausnahmslos lebenswichtige Funktionen wahrnehmen. 2017 gelangte eine internationale wissenschaftliche Untersuchungskommission zu dem Ergebnis, dass im Zeitraum der letzten 30 Jahre die Zahl der Insekten am Boden und in der Luft um mehr als 80 Prozent zurückgegangen ist.

Hat das mit dem Verschwinden der Wälder zu tun?
Auch. Aber die Hauptschuld haben die Methoden der kapitalistischen Agrarproduktion, die Pestizide, die Ausrichtung am Maximalprofit, die tödlichen Mengen Kunstdünger, die auf die Anbauflächen ausgebracht werden.

In der Schule haben wir uns mit dem Bienensterben beschäftigt …
Das ist ein schönes Beispiel! Bei uns sind viele Millionen Bienen dem chemischen Wirkstoff Sulfoxaflor zum Opfer gefallen, ein Insektizid, das man in der freien Natur eingesetzt hat. Doch in der Natur spielen die Bienen eine entscheidende Rolle, nicht nur als Honigproduzenten, sondern auch und vor allem als Bestäuber. In dieser Eigenschaft sind sie für den Fortbestand vieler Pflanzenarten unentbehrlich. Hunderttausende von Bürgern haben gegen das Sulfoxaflor mobil gemacht. Vergebens. Die Herren der Agrochemie haben die Schlacht gewonnen.

Kurzum, je nach Ort, an dem du groß wirst auf diesem Planeten, ob in Choulex oder in Bangladesch, auf einer Wohlstandsinsel oder an einem der benachteiligten Orte des Archipels, entscheidet das kapitalistische System über deine Existenz. Es ist extrem giftig, lebensgefährlich für die Natur und für die Menschen. Und es liegt in seinem ureigenen Interesse, die Menschheit zu spalten, in die einen, die Bewohner der Wohlstandsinseln, die hinters Licht geführt und eingeschläfert werden, und in die anderen, die wehrlosen Völker des Südens, die in Leid und Not gestürzt werden.

VI

Neulich abends im Fernsehen warst du entrüstet – und sogar sehr zornig – mit Blick auf die Ungleichheit. Du hast gesagt, dass Ungleichheit tötet.
Ungleichheit ist eine skandalöse und extrem demütigende Realität für die weitaus überwiegende Mehrheit der Menschen auf diesem Planeten. Ich will dich nicht mit Statistiken langweilen, aber zwei besonders signifikante will ich dir doch nennen.

Laut Weltbank haben die 500 mächtigsten transkontinentalen Privatgesellschaften – alle Wirtschaftssektoren zusammengenommen, Industrie, Handel, Dienstleistungen, Finanzen etc. – im letzten Jahr 52,8 Prozent des Weltbruttosozialprodukts kontrolliert, das heißt alle Reichtümer – Waren, Patente, Dienstleistungen, Kapital –, die in einem Jahr auf dem Planeten produziert worden sind.

Ihre Führungskräfte sind jeder staatlichen, gewerkschaftlichen und parlamentarischen Kontrolle entzogen. Sie verfolgen nur eine einzige Strategie: die der Gewinnmaximierung in möglichst kurzer Zeit und zu jedem menschlichen Preis. Diese Kosmokraten, diese Herrscher der Welt, verfügen über eine finanzielle, politische und ideologische Macht, über die noch kein Kaiser, kein Papst oder König in der Geschichte jemals gebot.

Diese Situation bedeutet für die Opfer eine himmelschreiende, mörderische Ungleichheit, die aber der kapitalistischen Produktionsweise zugutekommt. Diese verbessert in erheblichem – und ständig wachsendem – Maße die Situation der Reichen und verschlechtert auf dramatische – und ständig sich zuspitzende – Weise die Lage der Armen. Die Ungleichheit, die Tatsache, dass der Mehrwert der Produktion nicht allen zugänglich gemacht, nicht umverteilt wird, steigert die ungeheure Effizienz der kapitalistischen Produktionsweise, die, in sich geschlossen und autonom in den Entscheidungen über ihre Wirtschaftsstrategien, ohne Rücksicht auf ihre Opfer handelt.

Du hattest noch ein zweites Zahlenbeispiel…
Die 85 reichsten Milliardäre der Welt besaßen 2017 genauso viele Vermögenswerte wie 3,5 Milliarden Personen, das heißt der ärmste Teil der Menschheit. Die Generalsekretärin von Amnesty International fasst diesen Skandal wie folgt zusammen: »85 Milliardäre, die man in einen einzigen Autobus stecken könnte, haben genauso viel Vermögen zusammengerafft wie die ärmste Hälfte der Menschheit.«

Glaubst du nicht, Jean, dass sich der Graben zwischen den Superreichen und den sehr Armen allmählich zuschütten lässt?
Nein, ich glaube sogar, dass das Gegenteil geschehen wird…

In den Ländern der südlichen Hemisphäre füllen sich tagtäglich die Massengräber. Zwischen den Superreichen und der anonymen Masse der Bitterarmen nimmt die Ungleichheit unaufhörlich zu. Die Finanzmacht der

562 reichsten Personen der Welt ist zwischen 2010 und 2015 um 41 Prozent angewachsen, während der Besitz der 3,5 Milliarden ärmsten Menschen um 44 Prozent abgenommen hat.

Im Streitgespräch mit Brabeck seid ihr euch nie einig gewesen, außer ein einziges Mal: Brabeck hat zu dir gesagt, dass die Ungleichheit schockierend sei.
Du hast gut zugehört, Zohra. Genauer hat er gesagt: »Die Ungleichheit ist für viele Menschen moralisch schockierend.« Trotzdem bleibt mein Dissens mit dem Präsidenten von Nestlé in Sachen Ungleichheit total. Es geht nicht nur um Psychologie, nicht nur um das, was Menschen empfinden – in diesem Fall um das, was sie als schockierend empfinden –, sondern um das, was die Verursacher der Ungleichheit ihren Opfern konkret und materiell antun.

Eine der schockierendsten, fatalsten Ungleichheiten ist die vor dem Fiskus. Die Superreichen scheinen Steuern nach Belieben zu zahlen. Kein Steuerfahnder, kein souveräner Staat kann ihnen etwas anhaben, weil es in der Karibik, im Pazifik und an anderen Orten in der Welt zahlreiche Steuerparadiese gibt.

Du meinst die Panama Papers *oder* Paradise Papers? *Von denen ist im Augenblick viel die Rede …*
Genau. Ein Steuerparadies ist ein Land, das keine Steuern kennt. In diesen Ländern erlaubt das Gesetz, Firmen zu schaffen wie zum Beispiel die International Business Companies auf den Bahamas oder die Trusts auf den Kaimaninseln. Diese garantieren den Superreichen absolute Ge-

heimhaltung. Das ist der Grund, warum sie ihr Geld dort verstecken. Die mächtigsten transkontinentalen Konzerne, die reichsten Individuen parken ihre Vermögen in Unternehmen, die man *offshore – vor der Küste –* nennt. Sie sichern den Inhabern dieser Reichtümer absolute Intransparenz und somit Schutz vor den Steuerfahndern zu.

Von Zeit zu Zeit kommt es zu Skandalen. Investigative Journalisten bringen beharrlich und mutig bestimmte Finanzkonstruktionen ans Licht, die von den Offshore-Unternehmen außerordentlich komplex ins Werk gesetzt werden. Die Journalisten enthüllen die Namen von Personen, die in diese Skandale verwickelt sind: in den von dir genannten *Panama Papers* und *Paradise Papers,* aber auch in Europa, beispielsweise in Luxemburg die *Lux-Leaks.*

Erklär mir doch, wie diese Listen mit derart geheimen Namen trotzdem öffentlich bekannt werden konnten …

Gern. Nehmen wir das Beispiel der *Paradise Papers.* Ein Mitarbeiter der Anwaltskanzlei Appleby International auf den Bermudas hat im November 2017 – wahrscheinlich von seinem schlechten Gewissen geplagt – einem internationalen Netzwerk investigativer Journalisten 6,5 Millionen Dokumente zugespielt, in denen die Konstruktion von Offshore-Unternehmen in Dutzenden von Steuerparadiesen enthüllt wird. Das internationale Kollektiv wird geleitet von zwei hervorragenden deutschen Journalisten, Bastian Obermayer und Frederick Obermeier von der *Süddeutschen Zeitung.* Die Journalisten haben die Dokumente eingehend analysiert und sind dabei auf brisante Zahlen gestoßen. So kam die Zeitung *Le Monde,* die zu diesem Netzwerk gehört, bei dieser Untersuchung zu der Einschätzung, dass den Steuerbehörden der europäischen Staaten insgesamt 350 Milliarden Euro pro Jahr entgehen, davon allein dem französischen Fiskus 20 Milliarden.

Das ist doch widerlich! Währenddessen müssen die Menschen, die weniger reich sind, oder sogar solche, für die jeder Cent zählt, Steuern zahlen, und unser Staat schränkt die öffentlichen Dienstleistungen ein, weil er nicht genügend Geld hat …
Bravo, Zohra, deine Analyse trifft den Punkt und widerspricht der These, die von den Superreichen gerne zu ihrer Verteidigung bemüht wird. Adam Smith, einer der Väter der neoliberalen Theorie – von dem ich dir noch mehr erzählen werde –, behauptet »*Richness like health is taken from nobody*« – »Der Reichtum wird, wie die Gesundheit, von niemandem genommen«. Damit meint er, dass beispielsweise nicht drei neue Patienten in das Universitätskrankenhaus Genf eingeliefert werden, weil ich mich bester Gesundheit erfreue … Aber das ist vollkommen falsch! Der Vergleich zwischen Reichtum und Gesundheit entbehrt jeder Grundlage! Und du hast den entscheidenden Punkt begriffen: die Weigerung der Superreichen, ihre Steuern zu bezahlen, indem sie ihre Vermögen verstecken, leert die Kassen des Staates. Während der gesamten zweiten Hälfte des 20. Jahrhunderts hat der Sozialstaat, dazu bestimmt, die Bürger bis zu einem gewissen Grad vor den Auswüchsen eines unkontrollierten und wildwüchsigen Kapitalismus zu schützen, in Europa auf verschiedenen Gebieten Fortschritte erzielt …

Einen Augenblick, was bezeichnest du als Sozialstaat?
Mit der Entfaltung des Kapitalismus hat sich, zunächst zaghaft, der sogenannte Sozialstaat oder Wohlfahrtsstaat in einigen Ländern Ende des 19. Jahrhunderts entwickelt, in der Absicht, den arbeitenden Menschen einen gewissen sozialen Schutz zu bieten, etwa durch Krankenversicherungen. Kurz nach dem Zweiten Weltkrieg hat sich dieser Schutz, diese Hilfe, als Antwort auf die Forderung nach sozialer Gerechtigkeit weiterentwickelt (Altersversorgung, Streikrecht, Familienzulagen, Sozialhilfe, Studienstipendien) – sicherlich aus Angst vor sozialen Kämpfen, Gewerkschaften, vor Kommunismus etc. Dem Wohlfahrtsstaat verdanken wir soziale Sicherungsmechanismen und die Umverteilung beträchtlicher Vermögenswerte, beispielsweise durch progressive Steuersätze: Die ärmeren Mitglieder der Gesellschaft zahlten weniger, die reicheren mehr. Er hat Schulen, Krippen, Krankenhäuser, das öffentliche Transportwesen, Kultur, Sport etc. finanziert.

Und alle diese Fortschritte sind heute akut gefährdet?
Ja, Zohra. Nach den Zahlen der UNICEF, dem Kinderhilfswerk der UNO, von 2017 sind 11 Prozent der spanischen Kinder unter zehn Jahren unterernährt. In den Schulen der sozial schwachen Viertel von Berlin – Neukölln zum Beispiel – bringen die Lehrer Brot und Milch mit in die Schule, weil Kinder morgens blass und mit leerem Magen, ohne häusliches Frühstück, in die Schule kommen. Vom Hunger geschwächt, sind sie nicht in der Lage, dem normalen Unterricht zu folgen. Weil es an den nötigen Mitteln fehlt, privatisieren einige Staaten nach

und nach ihre öffentlichen Dienste: Krankenhäuser, Transportwesen, Schulen, Universitäten, Häfen und Flughäfen, Gefängnisse und sogar die Polizei. Generell nimmt der Lohnschutz ab. Überall hält die Prekarisierung Einzug in die Familien. Die Angst vor dem Morgen grassiert. Die Ausgrenzung wächst.

Weißt du, wer Frau Merkel ist?

Das ist die deutsche Präsidentin …

Die Kanzlerin der Bundesrepublik Deutschland, des reichsten Landes auf unserem Kontinent. Sie hat einen entsetzlichen Ausdruck geprägt: *Sockelarbeitslosigkeit*, soll heißen, die Dauerarbeitslosigkeit von Millionen Menschen ist wie der Sockel, auf dem die kapitalistische Ordnung ruht. Die Zahl dieser Dauerarbeitslosen, die nie wieder Arbeit, Lohn, ein Familienleben, eine menschenwürdige Existenz haben werden, beläuft sich heute in Europa auf 36 Millionen. Mehr als die Hälfte von ihnen sind junge Männer und Frauen unter 25 Jahren.

Aber nicht nur in Europa richtet die Steuerflucht der Superreichen Unheil an, indem sie die Einnahmen des Staates drastisch reduziert.

Ich nehme an, Zohra, du hast noch nie von den *Geberkonferenzen* gehört?

Bestimmt nicht …

Das ist eine ganz besondere Einrichtung der Vereinten Nationen. Jedes Mal, wenn eine Bevölkerung von einer humanitären Katastrophe betroffen ist, berufen das Welternährungsprogramm, Unicef und das Hochkommissariat für Flüchtlinge die an der UNO akkreditierten Botschafter und Botschafterinnen zu einer Konferenz ein. Um einen langen Tisch im Palais des Nations in Genf oder im Wolkenkratzer der UNO in New York sitzen die Spezialisten der UNO den Diplomaten gegenüber. Sie erklären diesen die Ausmaße der Katastrophe, die Maßnahmen, die sie ergreifen wollen, und die Kosten dieser Maßnahmen. Daraufhin geben die Diplomaten bekannt, welche Summen die von ihnen vertretenen Staaten bereitzustellen gewillt sind.

Und die Leute, die für die humanitäre Hilfe verantwortlich sind, erhalten diese Summen?
Selten. Ich gebe dir ein Beispiel. Anfang 2017 hat eine fürchterliche Katastrophe gleichzeitig vier Nationen ereilt. Das Leben von Millionen Kindern, Frauen und Männern war im Südsudan, in Somalia, im Norden Kenias und im Jemen bedroht.

Weswegen?
Wegen der langen Trockenperiode, die die Ernten vernichtet hat, wegen des Bürgerkriegs, des verseuchten Wassers und einer schrecklichen Choleraepidemie. Die Geberkonferenz fand im März 2017 in Genf statt. Die Spezialisten der UNO forderten vier Milliarden Dollar, um 24 Millionen Menschen ein halbes Jahr, bis zum September, am Leben zu erhalten. Bekommen haben sie genau 247 Millionen Dollar…

Aber das war doch viel zu wenig!

Natürlich. Aber nacheinander haben die Diplomaten ihre Entschuldigungen vorgebracht: »Unsere Kassen sind leer … Wir können Ihnen keinen höheren Betrag zur Verfügung stellen.«

Und was ist dann geschehen?

Im Jemen, im Südsudan, im Norden Kenias und im Süden Somalias sterben die Menschen weiter. Zu Zehntausenden. Menschen wie du und ich. Was uns von den Opfern trennt, ist nur der Zufall der Geburt.

VII

Aber hör mal, die reichen Länder helfen doch den armen Ländern trotzdem in erheblichem Maße, ihre Bevölkerung zu ernähren, oder?

Falsch, Zohra, genau das Gegenteil ist der Fall. Die Menschen in den armen Ländern schuften sich zu Tode, um die Entwicklung der reichen Länder zu finanzieren. Der Süden finanziert den Norden, vor allem dessen herrschende Klassen. Heute ist das wichtigste Mittel, das dem Norden die Herrschaft über den Süden sichert, der Schuldendienst.

Der Kapitalfluss von Süd nach Nord ist weit größer als der von Nord nach Süd. Die armen Länder zahlen jährlich viel mehr Geld an die herrschenden Klassen der reichen Länder, als sie von diesen in Form von Investitionen, humanitärer Hilfe oder sogenannter Entwicklungshilfe erhalten.

Man ist heute nicht mehr auf Maschinengewehre, Napalmbomben oder Panzer angewiesen, um andere Völker zu unterdrücken und zu unterwerfen. Das lässt sich inzwischen durch Auslandsschulden regeln. Beispielsweise ist das, was auf dem afrikanischen Kontinent passiert, ein himmelschreiender Skandal: 35,2 Prozent der Afrikaner leiden dauerhaft unter schwerer Unterernährung.

Aber warum? In der Schule habe ich gelernt, dass Afrika über viele fruchtbare Anbauflächen verfügt und dass der Kontinent unterbevölkert ist; dann gibt es doch Land für alle!
Die Hauptschuld an dieser Situation trägt eben die Verschuldung der betreffenden Länder. Das bedarf einer Erklärung. Wir müssen unterscheiden zwischen der *Staatsverschuldung*, den Schulden, die der Staat gemacht hat, und der *Gesamtverschuldung*, in der die Schulden des Staates und die der Privatunternehmen zusammengefasst sind. Die Staatsverschuldung aller Entwicklungsländer – Südafrika, Brasilien, China, Indien und Russland ausgenommen, die den Schwellenländern zugerechnet werden – hat 2016 die astronomische Summe von 1500 Milliarden Dollar überschritten.

Die Schulden dienen dazu, die armen Länder zu strangulieren. Das funktioniert folgendermaßen: Die Mehrheit der afrikanischen Bauern hat keinen Zugang zu Mineraldünger, ausgewähltem Saatgut, Agrarkrediten, ausreichender Zugkraft und Bewässerung. Denn ihre Regierungen haben keinen Cent für Investitionen in die Landwirtschaft zur Verfügung. Sie werden von ihren Auslandsschulden erdrückt. Das wenige Geld, das die afrikanischen Länder einnehmen – zum Beispiel der Senegal mit dem Export von Erdnüssen, Mali mit dem von Baumwolle – wandert ohne Umwege in Form von Zinszahlungen oder Rückzahlungen in die Tresore der europäischen oder amerikanischen Gläubigerbanken. Die Folge: Den Ländern bleibt kein Geld für Investitionen in die Landwirtschaft. In Schwarzafrika werden nur 3,8 Prozent des nutzbaren Bodens künstlich bewässert; auf den übrigen Ackerflächen bleiben die Bauern auf die Regenbewirtschaftung angewiesen, wie schon seit 3000 Jahren, mit all den klimatischen Risiken, die diese mit sich bringt. Genauso katastrophal ist die Situation im Hinblick auf die Zugkraft. Weltweit gibt es fast 40 Millionen Traktoren und nahezu 300 Millionen Zugtiere. Das Problem ist von entscheidender Bedeutung: In Saskatchewan, auf den großen fruchtbaren Ebenen Westkanadas, bewirtschaftet ein Landwirt ganz allein 2000 Hektar mit einem einzigen Traktor von 200 Pferdestärken. Dagegen müssen sich 2,7 Milliarden Bauern in den Ländern des Südens auch heute noch mit Machete und Hacke begnügen.

Woher kommen diese Schulden?

Zunächst einmal möchte ich mit allem Nachdruck feststellen: Die Auslandsschulden garantieren die kannibalische Weltordnung und die Quasi-Allmacht der Oligarchien des globalisierten Finanzkapitals.

In den Jahren nach der Entkolonialisierung haben internationale Organisationen wie die Weltbank oder der Internationale Währungsfond den Ländern der Dritten Welt fast unbeschränkte Kredite gewährt, damit sie sich nach dem Vorbild des kapitalistischen Westens industrialisierten und ihre Infrastrukturen entwickelten. Die Kolonien waren verschwunden, aber die alten Kolonialmächte wollten auch weiterhin die Reichtümer dieser Länder ausbeuten und dort auch irgendwann neue Märkte eröffnen. Diktatorische Regime erhielten Kredite, um sich zu bewaffnen, Kriege zu führen, sich Mittel zur Unterdrückung der eigenen Bevölkerung zuzulegen.

Wenn ein armes Land am Ende ist, wenn der Schuldenknebel es erstickt, wenn es Zinsen und Tilgungsraten nicht mehr an seine Gläubigerbanken bezahlen kann, muss es um Zahlungsaufschub, Umschuldung oder sogar einen Teilerlass der Schulden bitten. Die Banken profitieren von dieser Situation. Sie kommen – zumindest teilweise – dem Ersuchen des Schuldnerlandes nach, wobei sie allerdings dieses Entgegenkommen an drakonische Bedingungen knüpfen: Privatisierungen und Verkauf der wenigen rentablen Unternehmen, die das Land besitzt: Bergwerke, öffentliche Telekommunikationsdienste etc. an ausländische Käufer – nämlich die Gläubiger; exorbitante Steuervergünstigungen für die in diesen Ländern tätigen transkontinentalen Privatunternehmen; erzwungene Waffenkäufe für die Ausrüstung der einheimischen Armee etc.

Wenn ich richtig verstanden habe, verfügen die verschuldeten Länder über kein Geld, um auf herkömmliche Weise zu funktionieren, und verlieren ihre Unabhängigkeit?
Genau, Zohra. Wenn die Insolvenz droht, sind die Schuldnerländer gezwungen, die im Haushalt festgeschriebenen Staatsausgaben zu verringern. Und wer leidet darunter? Die Bevölkerung in ihrer Gesamtheit und insbesondere natürlich ihr ärmster Teil. Den Latifundienbesitzer in Brasilien und den indonesischen General lässt die Schließung der öffentlichen Schulen kalt: Ihre Kinder besuchen Privatschulen in Frankreich, in der Schweiz, in den Vereinigten Staaten. Die Schließung der öffentlichen Krankenhäuser? Juckt sie nicht: Ihre Familien lassen sich im Universitätskrankenhaus in Genf, dem amerikanischen Krankenhaus in Neuilly oder den Kliniken in London und Miami behandeln.

Die Schuldenlast bekommen nur die Armen zu spüren.

Aber wie kommt es, dass sich heute diese Schuldenlast immer noch vergrößert?

Heute ist der Hauptgrund die Ungleichheit des Handelsaustauschs: Die Schuldnerländer sind häufig Produzenten von Rohstoffen, besonders landwirtschaftlichen Erzeugnissen. Sie müssen den weitaus größten Teil der benötigten Industriegüter einführen: Maschinen, Lastwagen, Medikamente, Zement etc. Nun hat sich aber im Laufe der letzten 20 Jahre der Preis für Industriegüter auf dem Weltmarkt mehr als versechsfacht, während der Preis für landwirtschaftliche Rohstoffe – Baumwolle, Kaffee, Rohrzucker, Erdnüsse, Kakao etc. – fortwährend gefallen ist. Bei einigen Erzeugnissen, etwa bei Kaffee oder Rohrzucker sind die Preise sogar zusammengebrochen. Aus diesem Grund müssen die Schuldnerländer, um den Staatsbankrott zu vermeiden, neue Darlehen aufnehmen.

Eine andere Ursache für die Schulden ist die Plünderung der Staatskassen in manchen Ländern der Dritten Welt. Die grassierende Korruption und die organisierte Unterschlagung mit Beihilfe von Schweizer, amerikanischen, französischen etc. Privatbanken richten verheerende Schäden an. Das Vermögen der Familie von Marschall Joseph Désiré Mobutu, dem verstorbenen Diktator von Zaire, der heutigen Demokratischen Republik Kongo, beläuft sich auf ungefähr vier Milliarden Dollar. Diese Beute ist auf westlichen Banken versteckt. Zum Zeitpunkt seines Todes betrug die Auslandsverschuldung der Demokratischen Republik Kongo 13 Milliarden Dollar…

Eine andere Erklärung betrifft die transkontinentalen Privatgesellschaften in den Bereichen Lebensmittel, Dienstleistungen, Industrie, Handel und internationales Bankwesen. Diese verschiedenen Konzerne kontrollieren heute die wichtigsten Wirtschaftssektoren in den Ländern der südlichen Hemisphäre. Meistens erzielen sie dort skandalöse Profite. Doch jedes Jahr transferieren sie den größten Teil dieser Gewinne – in Devisen – an ihre Unternehmenszentralen in Europa, Nordamerika, China oder Japan. Nur ein Bruchteil der Gelder wird vor Ort in einheimischer Währung reinvestiert.

Aber Jean, haben sich die Kreditzinsen in den letzten Jahren nicht erheblich gesenkt? Reduziert das nicht auch den Schuldendienst entsprechend?
Aber nicht doch. Die armen Länder sind gezwungen, auf ihre Kredite ungeheure Zinsen zu zahlen. In den Augen der Herren des globalen Kapitalmarkts sind die Staaten und Unternehmen der Dritten Welt Hochrisikoschuldner. Nach kapitalistischer Logik verlangen die großen westlichen Banken daher von ihren Schuldnern im Süden Zinsen, die unvergleichlich viel höher sind als diejenigen, die im Norden gezahlt werden. Natürlich tragen diese überhöhten Zinsen zur finanziellen Ausbeutung der südlichen Völker bei.

Also kann ein armes Land diesem Teufelskreis nicht entkommen?
Nein. Nimm als Beispiel den peruanischen Präsidenten Alan García. Angesichts der Tatsache, dass die katastrophale finanzielle Situation seines Landes ihm nicht mehr ermöglichte, die Staatsschulden, die er beim IWF und aus-

ländischen Privatbanken hatte, in Gänze zu bedienen, beschloss er diese Kredite nur noch zu 30 Prozent ihres Gesamtwertes zu begleichen.

Genial!
Könnte man denken. Tatsächlich wurde das erste peruanische Schiff, das den Hamburger Hafen mit einer Ladung Fischmehl anlief, auf Antrag eines deutschen Bankenkonsortiums von der deutschen Justiz beschlagnahmt. Damals besaß die Republik Peru eine ansehnliche internationale Luftflotte. Doch kaum waren in den Tagen, nachdem Peru die einseitige Verringerung seiner Zinszahlungen und Tilgungsraten verkündet hatte, die ersten Maschinen in New York, Madrid oder London gelandet, als sie auch schon auf Verlangen verschiedener Gläubiger beschlagnahmt wurden.

Solange die Länder der Dritten Welt nicht in der Lage sind, total autark zu existieren – das heißt, jede Form des internationalen Handelsaustauschs zu beenden –, können sie sich heute von dem Knebel nicht befreien.

Aber wie können die Kapitalisten all das Leid rechtfertigen, das sie den Menschen, vor allem den Kindern, zufügen?
Die Rechtfertigung ist einfach und für viele – vor allem in unseren westlichen Ländern – hinreichend überzeugend. Die Bankiers sagen: Wenn die armen Völker ihre Schulden nicht mehr bezahlen, bricht das ganze globale Bankensystem zusammen, und die ganze Welt wird mit in den Abgrund gerissen.

Ist das wahr?
Nichts könnte falscher sein! Vor deiner Geburt saß ich lange Zeit als Abgeordneter von Genf im Parlament der Eidgenossenschaft und war Mitglied von dessen außenpolitischer Kommission. Wenn du wüsstest, wie oft ich von unserem Finanzminister, einem treuen Lakaien der Bankenoligarchie, die ewig gleiche Litanei gehört habe: »Wer die Schulden infrage stellt, bringt die Weltwirtschaft in Gefahr«!

Jedes Mal, wenn ein Land unter der Last seiner Schulden in das Loch der Insolvenz fällt – seine Schulden nicht mehr bezahlen kann oder will –, verkünden das *Wall Street Journal* und die *Financial Times* die Apokalypse.

2008/09 hat eine schwere Börsenkrise fast alle Finanzplätze der Welt erschüttert und Vermögenswerte in Höhe von vielen Hundert Milliarden Dollar vernichtet. Binnen zwei Jahren büßten bestimmte börsennotierte Titel bis zu 65 Prozent ihres Wertes ein. An der NASDAQ – bei ihrer Gründung im Jahr 1971 die erste vollelektronische Börse mit einem hohen Anteil an Technologietiteln – betrug der Kursverlust bei einigen Hightech-Papieren 80 Prozent. Die Vermögenswerte, die in diesem Zeitraum an der Börse vernichtet wurden, waren 70-mal so hoch wie der Gesamtwert der Auslandsschulden aller 122 Dritte-Welt-Länder.

Trotzdem haben sich in einem letztlich ziemlich kurzen Zeitraum die Finanzplätze erholt. Das globale Bankensystem hat die Krise verdaut.

Wie sieht es heute aus?
Der Knebel bleibt, wo er ist, die Verschuldung vor allem der ärmsten Länder ist höher als jemals zuvor. Viele Völker werden von den Raubrittern vorsätzlich in einem Zustand wirtschaftlicher Unterentwicklung gehalten! Nimm als Beispiel das bewundernswerte Volk der Haitianer, das als erstes vor mehr als 200 Jahren die weißen Sklavenhalter davon gejagt hat. Begeistert von der Französischen Revolution und ihrer Abschaffung der Sklaverei, sind die haitianischen Sklaven 1791 aufgestanden und haben ihre Peiniger umgebracht oder verjagt. 1802 haben die Haitianer das schwer bewaffnete Expeditionskorps vernichtet, das Napoleon Bonaparte geschickt hatte, um die Sklaverei wiederherzustellen. 1814 haben sie den Unterhändler Franco de Medina geköpft, der im Auftrag von Ludwig XVIII. gekommen war, um die Haitianer zu bewegen, die Autorität des französischen Königs anzuerkennen. Daraufhin hat Frankreich seine Strategie verändert. Es hat gegen Haiti ein finanzielles, wirtschaftliches, diplomatisches Embargo und eine Seeblockade verhängt – Maßnahmen, denen sich England und andere europäische Mächte anschlossen. Um den totalen Ruin seines Landes zu verhindern, hatte sich der haitianische Präsident Jean-Pierre Boyer bereit erklärt, ein Abkommen mit Frankreich zu schließen, in dem sich Haiti verpflichtete, die ehemaligen Sklavenhalter zu entschädigen. Boyer musste zusichern, Paris 150 Millionen Goldfranken zu zahlen. Diese astronomische Summe wurde in jährlichen Raten bis zum letzten Centime beglichen – ein Schuldendienst, der erst 1883 endete.

Aber haben die Haitianer denn die ganze Zeit stillgehalten?
Zohra, lass mich meine Erzählung beenden … Kofi Annan, der ehemalige Generalsekretär der Vereinten Nationen, hat für den Zeitraum vom 28. August bis zum 2. September 2001 in der südafrikanischen Hafenstadt Durban die erste Weltkonferenz gegen den Rassismus einberufen. An der Spitze der haitianischen Delegation stand der amtierende Präsident Jean-Bertrand Aristide, ein ehemaliger salesianischer Priester, ein schmächtiger, kurz gewachsener, lebensfroher Mann von dunkler Hautfarbe und schönen schwarzen Augen. Einige Monate zuvor waren deine Großmutter Erica und ich in Port-au-Prince auf Einladung von Aristide. Wir waren beeindruckt von seiner wachen Intelligenz, seinem unbeugsamen Willen, den Hunger, das Elend, die Erniedrigung seiner Landsleute zu bekämpfen. Toussaint Louverture, der Held des Sklavenaufstands von 1791, war sein Vorbild. In Durban hielt Aristide eine leidenschaftliche Rede, die von den lateinamerikanischen, asiatischen und afrikanischen Delegierten mit tosendem Beifall aufgenommen wurde. Er forderte von Frankreich die Rückerstattung der 150 Millionen Goldfranken plus der seit 1814 aufgelaufenen Zinsen. Natürlich lehnte die französische Delegation die Forderung ab. 2004 wurde Jean-Bertrand Aristide durch einen Staatsstreich gestürzt. Viele Haitianer sind davon überzeugt, dass der Umsturz von den französischen Geheimdiensten organisiert war.

Die Erpressung durch die Seeblockade war ausgesprochen hinterhältig vom französischen König.
Leider hat sich am Zynismus der Kosmokraten seither wenig verändert, Zohra. Die Arroganz der zeitgenössischen Kapitalisten kann durchaus mit jener der Pariser Finanzhaie vor zweihundert Jahren Schritt halten.

Das zeigen die Machenschaften der Geierfonds.

Was hat es eigentlich mit diesen Geierfonds auf sich? Entschuldige, ich müsste es eigentlich wissen: Du hast uns im letzten Jahr immer wieder davon erzählt, jedes Mal, wenn wir uns gesehen haben.
Wie gesagt, Zohra, die meisten Länder des Südens werden von ihren Auslandsschulden erdrückt. Regelmäßig werden einige von ihnen insolvent. Sie sind nicht mehr in der Lage, den großen Gläubigerbanken die fälligen Zinsen und Tilgungsraten für ihre Kredite zu bezahlen. Das bankrotte Land sagt dann: Ich kann nicht mehr bezahlen; seid ihr bereit, mit mir über einen Teilerlass meiner Schulden zu sprechen? Manchmal sind die Bankiers einverstanden, weil es aus ihrer Sicht besser ist, 30 oder 40 Prozent der fälligen Summen zu bekommen als gar nichts. Daraufhin emittiert das Schuldnerland neue Wertpapiere, sogenannte Obligationen, über eine Summe, die 70 oder 60 Prozent unter dem ursprünglichen Wert liegt. Doch die alten Schuldtitel sind noch im Umlauf. Investmentfonds mit Sitz auf den Bahamas, auf Curaçao, Jersey oder in anderen Steuerparadiesen – die den Beinamen *Geierfonds* haben, weil sich Geier von toten oder sterbenden Tieren ernähren – kaufen sie zu einem weit herabgesetz-

ten Preis auf, um anschließend den betreffenden Staat vor Gerichten in New York, London oder anderswo zu zwingen, ihnen die ursprüngliche Schuld hundertprozentig zurückzuzahlen. Meistens gehen die Geier aus diesen Prozessen als Sieger hervor!

Moment mal, Jean, das klingt aber reichlich kompliziert!
Ich will dir ein paar Beispiele geben.

1979 hat Sambia für 30 Millionen Dollar landwirtschaftliches Gerät aus Rumänien importiert. Doch 1984 wurde das Land zahlungsunfähig. Donegal International, ein Geierfonds mit Sitz auf den Jungferninseln, kaufte für drei Millionen Dollar die rumänischen Schuldtitel auf. Vor einem Londoner Gericht klagte er auf Zahlung der 30 Millionen Dollar. Er gewann den Prozess und veranlasste daraufhin weltweit die Beschlagnahmung der sambischen Kupferexporte, der Londoner Immobilien, die im Besitz des sambischen Staates waren, der sambischen Lastwagen, die die Grenze nach Südafrika überquerten etc. Schließlich beugte sich die Regierung in Lukasa und verpflichtete sich, Donegal International 15,5 Millionen zu zahlen.

2017 wurden 227 Prozesse von 26 Geierfonds, vor 48 verschiedenen Gerichten gegen 32 Schuldnerländer geführt. Die juristische Erfolgsquote der Raubspekulanten betrug, zwischen 2005 und 2015, 77 Prozent. Die Gewinne, die sie in diesem Zeitraum auf diesem Wege erzielten, bewegen sich zwischen 33 und 1600 Prozent.

Das ist doch total zynisch! Die armen Völker haben also keine Möglichkeit, sich gegen diese Geierfonds zu verteidigen? Kann man denn nicht die Gesetze verändern, um diese schändlichen Praktiken verbieten? Eine neue Rechtsnorm einführen?
Richtig, die armen Völker sind praktisch schutzlos. In einigen Fällen töten die Geierfonds sogar. Das zeigen beispielsweise die Ereignisse in Malawi, einem kleinen landwirtschaftlich geprägten Land im Südosten Afrikas. Das Grundnahrungsmittel seiner Einwohner ist der Mais. Immer wieder wird das Land von Hungersnöten heimgesucht; deshalb hat die Regierung so wie andere Regierungen in der gleichen Situation auch in Malawi staatliche Maisreserven angelegt. Die Depots werden von der National Food Reserve Agency verwaltet. Im Jahr 2000 waren dort 40 000 Tonnen Mais gelagert. 2002 vernichtete eine fürchterliche Trockenheit den größten Teil der Ernte. Sieben Millionen der elf Millionen Einwohner waren von der Hungersnot betroffen … Die Regierung verfügte über keine Reserven mehr, um Hilfe zu leisten. Die Depots waren leer. Einige Monate zuvor hatte ein englisches Gericht die National Food Reserve Agency dazu verurteilt, auf dem Weltmarkt die 40 000 Tonnen Mais zu verkaufen, um aus dem Erlös in Devisen die Summe zu bezahlen, die Malawi dem Geierfonds schuldete. In Malawi sind Zehntausende von Frauen, Kindern und Männern an Hunger gestorben.

Aber Jean, protestieren die Bankiers, die bereit sind, ihre Forderung zu verringern, nicht gegen das Verhalten der Geierfonds?

Schlimmer noch! Sie schweigen nicht nur, sondern viele von ihnen spielen ein doppeltes Spiel. Da bei den Geierfonds ganz außerordentliche Gewinne anfallen, sind viele Großbanken Aktionäre dieser Fonds.

Aber wie ist das möglich?
Ganz einfach. Bei den ersten Verhandlungen über den Teilerlass der Auslandsschulden sitzen die Direktorinnen und Direktoren der großen Gläubigerbanken am Verhandlungstisch den Finanzministern der Länder gegenüber, die sich in ihrem Würgegriff befinden. Dann kehren sie nach New York, Paris, London, Frankfurt und Zürich in ihre klimatisierten Büros zurück... Und gewähren den Geierfonds schamlose Kredite.

Und prangert niemand dieses doppelte Spiel an?
Im Menschenrechtsrat der UNO hat im vergangenen Jahr die Gruppe der lateinamerikanischen Staaten, unterstützt von den afrikanischen Staaten, eine neue Norm des internationalen Rechts vorgeschlagen, die ein Verbot der Geierfonds vorsah. Unter dem offenkundigen Einfluss dieser Geier haben die westlichen Regierungen – Frankreich, Deutschland, Amerika etc. – den Antrag zu Fall gebracht.

Und die Geier wüten ungestraft weiter.

VIII

Warum protestiert eigentlich niemand gegen die Verbrechen der Kapitalisten? Es gibt doch viele anständige Menschen. Weshalb unternehmen sie nichts gegen diese Ungerechtigkeiten?

Dafür gibt es zahlreiche, komplexe Gründe. Tatsächlich glaube ich, dass niemand im Westen die Welt wirklich so zu sehen wagt, wie sie ist. Hör, was Edmond Kaiser, mein verstorbener Freund und Gründer von Terre des Hommes, über die geschundenen Kinder der Dritten Welt schrieb, denen er sein Leben widmete: »Würde man den Deckel vom Kessel der Welt heben, so würden Himmel und Erde zurückweichen vor diesem Wehgeschrei. Denn weder die Erde noch der Himmel noch irgendeiner von uns vermag wirklich das entsetzliche Ausmaß des Leidens der Kinder zu ermessen, noch die Wucht der Gewalten, von denen sie zermalmt werden.« Zu Beginn meines Mandats als Sonderberichterstatter der Vereinten Nationen für das Recht auf Nahrung habe ich im Anhang zu meinen Berichten Fotos von Kindern gezeigt, die Opfer der Unterernährung wurden, vor allem die entstellten Gesichter der unter Noma leidenden Opfer.

Ich erinnere mich. Du hast mir welche gezeigt. Noma zerfrisst die Gesichter von Kindern. Das ist schrecklich!
In vielen Fällen greift die Infektion das Zahnfleisch des Kindes an, dann zerstört die Nekrose allmählich alle weichen Gewebe. Die Lippen und die Wangen verschwinden, es bilden sich klaffende Löcher. Die Augen sacken ab, da die Wangenknochen zerstört werden. Außerdem kommt es zu einer Kiefersperre, die das Kind daran hindert, den Mund zu öffnen.

Seit Beginn meines Mandats wurde mir die zurückhaltende, aber aufmerksame Freundschaft von Eric Tistounet, dem Generalsekretär des Menschenrechtsrates, zuteil. Eines Abends, nach einer besonders enttäuschenden Sitzung, in der jede meiner Empfehlungen abgeschmettert worden war, sagte mir Eric Tistounet: »Sie sollten darauf verzichten, diese schockierenden Fotos Ihren Berichten anzuhängen … Sie veranlassen die Botschafter und Botschafterinnen zu einer ablehnenden Haltung. Da sie den Anblick dieser verstümmelten Kindergesichter nicht ertragen, legen sie den Bericht beiseite, ohne ihn zu lesen.« Seit diesem Abend, habe ich nie wieder Fotos angefügt. Ich habe auch darauf verzichtet, die verheerenden Folgen und die Leiden, die durch permanente Unterernährung hervorgerufen werden, in allen Einzelheiten zu beschreiben.

Aber es gibt doch die Zeitungen und das Fernsehen …
Die vorsätzliche oder unterbewusste Selbstzensur findet bei fast allen Journalisten statt. Hinzu kommt, dass in unseren westlichen, demokratischen Ländern, in denen vom Grundsatz her Pressefreiheit herrscht, eine Handvoll Mil-

liardäre den größten Teil der Medien kontrolliert. In Frankreich besitzen fünf Milliardäre mehr als 80 Prozent der Monats-, Wochen- und Tagespresse. Sie sorgen dafür, dass keine allzu schockierenden Informationen über die Opfer der kannibalischen Weltordnung das kollektive Bewusstsein erreichen.

Und du bist dir dessen sicher? Hast du Beispiele?
Unzählige. Denk an die Ereignisse vom 11. September 2001! Islamistische Terroristen, Wahnsinnige, haben zwei Flugzeuge voller Passagiere in zwei New Yorker Wolkenkratzer gelenkt und ein drittes in das Pentagon in Washington geflogen, ein viertes wurde in Pennsylvania zum Absturz gebracht. In den Flugzeugen und den zerstörten Gebäuden sind 2973 Männer, Frauen und Kinder, die 67 verschiedenen Nationalitäten angehörten, von diesen Verbrechern umgebracht worden. Diese Tragödie hat die Welt erschüttert. 18 Jahre später beherrscht das monströse Verbrechen noch immer das kollektive Bewusstsein. Aber an diesem selben 11. September 2001 sind, wie an jedem Tag, in der südlichen Hemisphäre mehr als 17 000 Kinder unter zehn Jahren am Hunger oder seinen unmittelbaren Folgen gestorben. Von ihnen hat praktisch niemand gesprochen.

Die Kapitalisten haben also kein schlechtes Gewissen?
Sie fühlen sich nicht verantwortlich. In der Regel sagen sie, es sei »die unsichtbare Hand des Marktes«, die die Welt regiere und deren Wirken von unveränderlichen »Naturgesetzen« bestimmt werde, nicht anders als die Gravitation

oder die Bahnen der Planeten. Sie bringen eine Rechtfertigung, eine Legitimationstheorie, für ihre Machenschaften in Stellung, die schlüssig, aggressiv, komplex und außerordentlich wirkungsvoll ist. Man bezeichnet sie als *Neoliberalismus.*

Was ist das genau?
Unter all den großen Bankiers, denen ich im Rahmen meines Mandats als Sonderberichterstatter der UNO begegnet bin, war mit Sicherheit James Wolfensohn einer der brillantesten und kultiviertesten, ein australischer Milliardär, der Präsident der Weltbank wurde. Er war herzlich und liebenswürdig im Umgang. Wolfensohn hatte für den endgültigen Horizont der menschlichen Geschichte eine Überzeugung, die er auf jedem der Weltbank-Seminare, an denen ich teilgenommen habe, verkündete: *Stateless global governance* – Weltregierung ohne Staat. Im Klartext hieß das: Vertrauen wir auf die Selbstregulierung des von allen Einschränkungen befreiten Weltmarktes. Oder auch: Beseitigen wir jede öffentliche Kontrollinstanz im Wirtschaftsleben.

Für Wolfensohn und die Kapitalisten steht eine These an erster Stelle: Wenn das Kapital vollkommen frei ist, wenn kein Staat ihm mehr seine normative Kontrolle aufzwingt oder seine freie Zirkulation einschränkt, wird es sich immer dorthin bewegen, wo es den maximalen Gewinn erzielen kann. Auf diese Weise sind die Handlungsfreiheit des Kapitals und die rasche Produktivitätssteigerung eng miteinander verschwistert.

Mein leider viel zu früh verstorbener Freund Pierre Bourdieu hatte für derlei Wahnideen nur einen kurzen Kommentar: »Der Obskurantismus ist wieder auf dem Vormarsch, aber dieses Mal haben wir es mit Leuten zu tun, die sich auf die Vernunft berufen.« Und nicht zögern, fromme Lügen zu verbreiten.

Kannst du mir erklären, was das für Lügen sind?
Seit dem Zusammenbruch der Sowjetunion im August 1991 hat sich der Finanzkapitalismus wie ein Buschfeuer über den Planeten ausgebreitet. Er hat den Neoliberalismus als die herrschende Ideologie inthronisiert. Diesen Augenblick hat der Schriftsteller Guy Debord höchst zutreffend charakterisiert: »Zum ersten Mal sind dieselben Leute [die Kapitalisten] Herr über alles, was wir tun, und über alles, was wir darüber sagen.« Seit 1991 hat die Liberalisierung rasante Fortschritte erzielt. Wie gesagt, in kaum zehn Jahren, zwischen 1992 und 2002, hat sich das Bruttoweltprodukt verdoppelt und das Welthandelsvolumen verdreifacht. Gleichzeitig haben Not und Elend in zahlreichen Ländern des Südens enorm zugenommen. Die rasche Liberalisierung des Weltmarktes hat also die Not nicht gelindert. Sie hat sich fast ausschließlich zum Vorteil der herrschenden kapitalistischen Oligarchien ausgewirkt. Die Heuchelei dieses neuen Obskurantismus ist himmelschreiend. Kannst du mir folgen?

Ja, ich versuche es.
Sprechen wir über die totale Handelsfreiheit, die von der neoliberalen Ideologie verlangt wird. Tatsächlich gleicht

diese totale Freiheit einem Boxkampf, in dem sich der Weltmeister im Schwergewicht, Anthony Joshua, und ein junger bengalischer Arbeitsloser, unterernährt, krank und von schmächtigem Körperbau, gegenüberstehen. Der Kapitalist beteuert: Der Kampf erfolgt nach gerechten Regeln. Beide Boxer sind den gleichen Bedingungen unterworfen. Möge der Bessere gewinnen!« Scheinbar haben die Kosmokraten recht: Die Voraussetzungen für den Kampf zwischen dem Weltmeister Joshua und dem Bengalen sind identisch: gleicher Ring, gleiche Kampfzeit, gleiche Handschuhe, gleiche Regeln, ein Ringrichter, der diesen Regeln Geltung verschafft … Trotzdem ist das vorhersehbare Resultat das Massaker des Bengalen.

Nimm zum Beispiel die vom Neoliberalismus erzwungene Gleichbehandlung der ausländischen und der einheimischen Investoren. Wie du weißt, ist die Elfenbeinküste der weltgrößte Kakaoproduzent. Wenn Nestlé oder ein anderer Konzern eine Fabrik zur Verarbeitung der Kakaobohnen neben einer einheimischen Fabrik eröffnet, besteht kein Zweifel daran, dass Nestlé oder ein vergleichbares Unternehmen den Ivorer binnen Kurzem in den Ruin treiben wird.

Wie das?

Als größter Lebensmittelkonzern und Nummer 27 unter den mächtigsten Unternehmen der Welt verfügt Nestlé über fast unbegrenzte finanzielle Mittel. Es kann, wenn es will, den Ivorer mittels einer häufig praktizierten Strategie ruinieren: Für seine Kakaobohnen zahlt der Konzern dem afrikanischen Pflanzer einen Preis, der deutlich über dem liegt, den der einheimische Investor aufbringen kann. Und das bis zu dem Tag, an dem der Ivorer gezwungen ist, seine Firma dichtzumachen. Fortan im Besitz des Monopols, kann der obsiegende Konzern den hilflosen einheimischen Bauer mit lächerlich niedrigen Preisen abspeisen. Auf diese Weise hindert das sakrosankte neoliberale Prinzip der Gleichbehandlung von Investoren, das von den Kosmokraten überall durchgesetzt wird, die ärmsten Ländern daran, die Industrialisierung voranzutreiben und einen Weg aus der Armut zu finden.

Ich glaube, der Denkfehler liegt in der Annahme, dass Liberalismus mehr Liberalität, also mehr Freiheit, bedeutet. Und die Freiheit lieben alle!

Genau, Zohra, das ist eine weitere Illusion, die von den Kapitalisten gerne verbreitet wird, die Behauptung, der Freihandel und die politische Freiheit seien Synonyme. Pascal Lamy, ehemaliger EU-Kommissar für Außenhandel und dann Generaldirektor der Welthandelsorganisation, ist ein in der Wolle gefärbter Neoliberaler. Sicherlich ist er heute einer der begabtesten und einflussreichsten Intellektuellen der liberalen Rechten, obwohl er paradoxerweise Mitglied der Sozialistischen Partei Frankreichs ist. Er sagt: »Nach meiner Überzeugung wird ein Land, das sich in puncto Handel stärker öffnet, zwangsläufig weniger repressiv.«

Xi Jinping, der gegenwärtige Präsident der Volksrepublik China, ist ein glühender Verfechter der totalen Handelsfreiheit. Sein Land gehört zu den repressivsten der Welt. China hält den Weltrekord in Sachen Todesstrafe. Es wird von einer Einheitspartei regiert; seine Geheimpolizei ist allmächtig; Streik wird per Gesetz zum Verbrechen erklärt.

Ich glaube trotzdem, dass nicht alle Kapitalisten Ungeheuer sind und dass einige unter denen, die Erfolg haben, die den Menschen Arbeit geben und sie nützliche Dinge herstellen lassen, der Meinung sind, dem Gemeinwohl zu dienen.
Das ist richtig, Zohra. Im Übrigen haben sie, um ihr Gewissen zu beruhigen, eine Geheimwaffe, die sie den *trickle down effect* nennen – das Durchsickern des Reichtums von oben nach unten.

Puh ... Was ist das? Mythologie? Zeus, der die Erde befruchtet?
Das ist kein Witz. Das Wort wurde im 18. Jahrhundert von zwei beeindruckenden Persönlichkeiten geprägt, David Ricardo und Adam Smith, beide rasch zu Reichtum gekommen, der Erste als Börsenmakler in London, der andere als Zollkommissar von Schottland. Ihr Lehrsatz: Wenn die Produktion von Brot ein gewisses Maß übersteigt, erfolgt die Verteilung an die Armen fast automatisch. Da die Reichen einen Reichtum, der die Befriedigung ihrer Bedürfnisse – so kostspielig und extravagant sie auch sein mögen – so weit übersteigt, dass sie diesen Reichtum nicht mehr konkret und unmittelbar genießen können, beginnen sie von sich aus mit der Umverteilung. Mit anderen Worten, wenn der Reichtum ein bestimmtes Niveau erreicht, kumulieren die Kapitalisten nicht mehr, sondern verteilen. Ein Milliardär, so ihre Behauptung, erhöht den Lohn seines Chauffeurs, weil er buchstäblich nicht mehr weiß, was er mit seinem Geld anfangen soll.

Das stimmt doch auch. Wer sehr reich ist, kann nicht in drei Rolls-Royce zugleich fahren, in fünf Luxusvillen auf einmal schlafen, fünf Kilo Kaviar auf einmal essen!
Genau das haben auch Ricardo und Smith gedacht und sich entsprechend in ihren Schriften geäußert. Sie glaubten, es gebe für die Akkumulation eine objektive Grenze. Wenn der Reiche nicht mehr seinen ganzen Reichtum genießen könne, zeige er sich geneigt, den nicht selbst genießbaren Überschuss an die Menschen in seiner Umgebung zu verteilen, einschließlich der Ärmsten der Armen. Die Elenden, Erniedrigten, Hungernden müssten eines Tages notwendigerweise in den Genuss des *trickle down effect* kommen.

Der Denkfehler, den Ricardo und Smith begingen, liegt auf der Hand. Ihre Theorie stützte sich auf den Gebrauchswert der Güter. Doch die Akkumulation von Reichtümern durch die Kosmokraten kennt nur einen Antrieb: Gier, Machthunger, das Verlangen, immer mehr Reichtümer zusammenzuraffen, mehr Kapital als der Nachbar und der Konkurrent anzuhäufen. In dieser wahnhaften Begierde nach unbegrenztem Profit spielt der Gebrauchswert keine Rolle.

Also haben sich Ricardo und Smith getäuscht?
Ja, gründlich!

Wer kann denn angesichts so vieler Irrtümer noch an die neoliberale Theorie glauben?
Leider sehr viele Menschen! Der größte Triumph der Kapitalisten ist, dass sie uns erfolgreich eingeredet haben, die Ökonomie sei nicht dem Willen der Menschen, son-

dern »Naturgesetzen« unterworfen. Die Kräfte des Marktes seien vollkommen autonom und unkontrollierbar. Den Menschen bleibe nichts anderes übrig, als ihnen zu gehorchen.

Ich erinnere mich an einen Tag in Berlin im Jahr 2000. Damals war ich Mitglied im Exekutivausschuss der Sozialistischen Internationalen. Wir tagten in einem monumentalen Saal des Reichstags, dem einstigen Parlamentssitz des Deutschen Reichs, der unter Hitler 1933 einen berüchtigten Brand und während der letzten Kriegsjahre die Bombenangriffe überstand. In Düsseldorf, Bochum, Dortmund, Essen, im gesamten Ruhrgebiet, dem Kernland der deutschen Industrie, waren unabsehbare Menschenmengen, Hunderttausende von Arbeitern, Angestellten, Ingenieuren, Männer und Frauen, auf den Straßen unterwegs und demonstrierten gegen die Auslagerung ihrer Produktionsstätten.

Warum diese Auslagerungen? Zahlreiche Kapitalisten an Ruhr und Rhein fanden ihre Gewinnspannen zu niedrig. Sie hatten beschlossen, ihre – durchaus gewinnträchtigen – Unternehmen ins Ausland zu verlagern – in Länder wie Rumänien, die Slowakei, Ungarn, teilweise auch nach Taiwan und in die chinesischen Sonderproduktionszonen. Da die Löhne in all diesen Regionen sehr viel niedriger als in Deutschland liegen, waren sich die Kapitalisten sicher, ihre Gewinne gewaltig steigern zu können.

Die mächtige Gewerkschaft IG Metall, die größte Gewerkschaft Europas, hatte ihre Truppen schon seit Monaten mobilisiert und verlangte von der Regierung, einzuschreiten und die Auslagerung von rentablen Unternehmen zu verbieten. Die Strategie der deutschen Kapitalisten lief nämlich zwangsläufig auf einen massiven Anstieg der Arbeitslosigkeit in der Schwerindustrie hinaus – in der Stahlindustrie, der Maschinenindustrie etc.

Der deutsche Kanzler Gerhard Schröder leitete diese Sitzung der Sozialistischen Internationalen. Schröder ist ein energischer, lebenslustiger Mann, der kein Blatt vor den Mund nimmt, also das genaue Gegenteil eines staubtrockenen Bürokraten. Er erklärte uns, dass er durchaus Verständnis für die Wut und Sorgen der Demonstranten habe, aber dass man da nichts machen könne. Dabei hätte seine Koalition unter Führung der Sozialdemokraten, gestützt auf ihre komfortable Mehrheit im Parlament, ohne Probleme ein Gesetz verabschieden können, das die Zerschlagung der Schwerindustrie im Ruhrgebiet verhindert hätte. Sie hätte den Kapitalisten einen Strich durch ihre Strategie der Profitmaximierung machen und Hunderttausenden von Menschen das Schicksal der Arbeitslosigkeit ersparen können.

Offensichtlich bestand das Problem nicht in dem Kräfteverhältnis zwischen Regierung und Kapitalisten, sondern vielmehr in dem Umstand, dass Schröder am neoliberalen Obskurantismus festhielt und sich ihm freiwillig unterwarf. Wörtlich sagte er uns: »Niemand kann etwas gegen die Kräfte des Marktes ausrichten. Die Industriellen an der Ruhr gehorchen den Gesetzen des Weltmarktes. Persönlich bedaure ich ihre Entscheidung … Aber es wäre eine gefährliche Torheit, sich dem Markt zu widersetzen.«

Ist dem sympathischen Schröder Doppelzüngigkeit zu unterstellen? War er, wie seine Kritiker im sozialistischen Lager glaubten, mit den deutschen und russischen Oligarchen verbandelt? Ich glaube nicht. Während ich zuhörte, wie er seine Untätigkeit rechtfertigte, war ich von seiner Ehrlichkeit vollkommen überzeugt. Ich erinnerte mich an einen Ausspruch von Pierre Bourdieu: »Der Neoliberalismus ist eine scharfe Waffe. Er setzt einen ökonomischen Fatalismus in die Welt, dem gegenüber jeglicher Widerstand vergeblich zu sein scheint. Der Neoliberalismus ist wie Aids. Er zerstört die Abwehrkräfte seiner Opfer.« Das heißt, er lähmt sein Opfer, indem er es von dessen eigener Ohnmacht überzeugt.

Die größten Unternehmen an Ruhr und Rhein, die häufig auch die gewinnträchtigsten waren, verlagerten ihre Produktionsstätten ins Ausland. Gerhard Schröder verlor 2004 die Wahlen und das Kanzleramt.

Was für eine Niete, dieser Schröder!
Keineswegs! Mit seiner Position in Berlin hat er nur dem üblichen Muster europäischer Regierungen entsprochen, egal ob rechts oder links. Schlicht ein Fall von entfremdetem Bewusstsein.

Was soll das heißen, entfremdet? *Ist es eine Entschuldigung dafür, die Hände in den Schoß zu legen?*
Entfremdung ist ein sehr geheimnisvoller Prozess. Er führt dazu, dass Frauen und Männer freiwillig gegen ihre eigenen Interessen denken und handeln. Ich halte es für sehr wichtig, dass du verstehst, wie Entfremdung funktioniert, da sie die Hauptwaffe der Kapitalisten für die Beherrschung von Bewusstsein und Denken anderer Menschen ist. Sie bedroht jeden von uns, auch dich …

Den Kosmokraten gelingt es, denen, die sie beherrschen, einzureden, sie, die Kosmokraten, verteidigten das Gemeinwohl, das Interesse aller Mitglieder der Gesellschaft. Es ist die Aufgabe der *Entfremdung*, die besondere Identität des Individuums zu zerstören, ihm seinen freien Willen zu rauben, die Fähigkeit zu nehmen, unvoreingenommen zu denken und Widerstand zu leisten. Ihn auf seine Funktion als Produzent und Konsument zu reduzieren.

Ich habe viel über diesen rätselhaften Prozess nachgedacht. Der türkische Schriftsteller Nâzim Hikmet sagt:

> Und um uns leichter und unbekümmerter plündern zu können,
> Legt er nicht mehr unsere Füße in Ketten,
> Sondern die Wurzel unseres Geistes.

Der politische Philosoph Jean-Claude Michéa schreibt: »Für viele Leute ist es heute einfacher, sich das Ende der Welt vorzustellen als das Ende des Kapitalismus.« Entfremdung ist die freiwillige Unterwerfung unter das Gesetz des Kapitals. Wenn sie ihr Ziel erreicht, verzeichnet sie einen triumphalen Sieg der Kosmokraten über die kritische Intelligenz der Beherrschten.

Dann sind wir also alle entfremdet, Papa, Mama, du, ich?
Nein, nicht alle! Ein Teil der Menschen, ich weiß nicht genau, wie viel Prozent, widerstehen dem neoliberalen Obskurantismus. Und ich denke, in unserer Familie gehören die meisten eher zu den Widerständigen.

Aber für viele Personen hat die Entfremdung leider verheerende Folgen.

Warum?
Nimm als Beispiel dein eigenes Land. Die Schweiz besitzt ein politisches System, das als »direkte Demokratie« bezeichnet wird. 100 000 Bürgerinnen und Bürger können, wenn sie sich einig sind, eine Volksbefragung verlangen, in der über die Einführung, Veränderung oder Abschaffung eines beliebigen Verfassungsartikels entschieden wird.

Na klar, die Abstimmungssonntage! In Genf wird andauernd abgestimmt! Alle zwei oder drei Monate über die verschiedensten Fragen …
Nun ja, Zohra, an diesen Sonntagen kommt es zumeist zu katastrophalen Ergebnissen. Die Schweiz wird von einer kapitalistischen Oligarchie beherrscht, die zu den unbarmherzigsten und raffiniertesten der Welt gehört. 2 Prozent der Bevölkerung verfügen über 96 Prozent der Vermögenswerte. Vor jedem Referendum mobilisieren die Oligarchen viele Millionen Schweizer Franken, um das Stimmverhalten des Volkes in ihrem Sinne zu beeinflussen. Und in der Regel gelingt ihnen das!

Nehmen wir die eidgenössischen Volksbegehren der beiden letzten Jahre. In diesem Zeitraum stimmten die Schweizer freiwillig in geheimem Urnengang gegen die Einführung eines Mindestlohns, gegen eine Begrenzung der Managergehälter, gegen eine staatliche Krankenversicherung, gegen eine zusätzliche Urlaubswoche für alle, gegen eine Rentenerhöhung … Langweile ich dich mit meinen Beispielen?

Nein.
Wie blökende Schafe gehorchen die Schweizer Bürgerinnen und Bürger den Diktaten ihrer Oligarchen. Die stolze Schweizer Eidgenossenschaft kann fortan als Musterbeispiel für eine simulative Demokratie dienen.

Regt dich diese Situation auf?
Zohra, mich erzürnt die Passivität des Volkes, seine freiwillige Unterwerfung unter die Lügen der kapitalistischen Klasse. Im Übrigen ist diese Passivität durchaus keine Besonderheit der Schweiz. Vor allem hat sie eine lange Geschichte. Dieses schweigende Einverständnis mit den Machenschaften der Raubritter zeigt sich seit Beginn der Französischen Revolution und der Machtergreifung der Bourgeoisie. Weißt du, was die *Cahiers de doléances*, die *Beschwerdehefte*, sind?

Erklär es mir!
Angesichts der ausufernden Wirtschaftskrise Ende der 1780er-Jahre sah sich König Ludwig XVI. gezwungen, die Generalstände in Paris einzuberufen, eine Versammlung der Vertreter der drei Stände der damaligen Gesellschaft: Adel, Klerus und Dritter Stand. 1789 wurden zahlreiche Beschwerdehefte von den notleidenden und klageführenden Untertanen in allen Ecken des Königreichs verfasst. Als ich einige dieser vom französischen Nationalarchiv neu herausgegebenen Bittgesuche las, hatte ich Tränen in den Augen.

Doch statt selbst für die Anerkennung ihrer Rechte zu kämpfen, wandten sich die »Armen und Bettler Frankreichs« – wie sie sich gelegentlich selbst nannten – zur Verteidigung ihrer Interessen ausgerechnet an ihre künftigen Plünderer, die bürgerlichen Kapitalisten. Ohne es zu wissen!

In einem dieser Beschwerdehefte vom 4. Oktober 1789 heißt es:

> Edle Herren [...]. Die Armen und Bettler des Königreichs Frankreich, Eurer Herrlichkeit unendlich fern, hätten eigentlich das Recht, einen Vierten Stand im Staat zu bilden. Kein anderer hätte so viele Gründe für Beschwerden und für Forderungen nach Wiedergutmachung. Alle Rechte, die uns von der göttlichen Vorsehung verliehen, wurden verletzt. Doch unsere Aufnahme in die Generalstände, so gerecht sie auch wäre, würde den Gang Eurer Verhandlungen nur behindern. [...]
> Schockiert vom Zusammentreffen der beiden Extreme und der mittleren Stände der Gesellschaft, fändet Ihr, edle Herren, unsere Nacktheit abstoßend, unsere Lumpen gemein und ekelhaft und fürchtetet Euch vor der Ansteckung mit dem Ungeziefer, das uns bedeckt. Daher streben wir nicht nach der Aufnahme unserer Vertreter in Eure Mitte, edle Herren, obwohl sie Eure Brüder sind, Euch gleichgestellt nach der Ordnung der Natur und der Gnade: Das lebende und für das menschliche Empfinden höchst bedrückende Bild, das sie von unserem Elend bieten würden, würde den Glanz Eurer Pracht trüben und stören. Aber da wir zu Euren Gunsten auf unsere natürlichsten und legitimsten Rechte verzichten, so geruht zumindest, Euch der Verteidigung unserer Rechte anzunehmen.

Haben die Beschwerdehefte irgendetwas genutzt?
Nein! Die kapitalistische Bourgeoisie hat das Volk schamlos betrogen. Das Leiden der Bettler hat sich nach dem Sturm auf die Bastille noch verschlimmert. Es gibt eine mitreißende Rede von Jacques Roux. Sie beantwortet deine Frage. Jacques Roux war ein ehemaliger Priester, intelligent, mutig, von allen bewundert, selbst von seinen Feinden. Er hat sich zum Fürsprecher der Ärmsten gemacht. Vergebens. Hör zu, was er sagt.

> Die Händleraristokratie, weit schlimmer noch als die Adels- und Priesteraristokratie, treibt ein grausames Spiel mit uns, indem sie sich die Privatvermögen und die Schätze des Staates aneignet; das Ende dieser Schandtaten ist noch lange nicht abzusehen, denn von morgens bis abends werden die Preise auf abscheuliche Weise in die Höhe getrieben. Bürger, Vertreter des Volkes, es ist höchste Zeit, den tödlichen Angriff zu beenden, den der Egoist gegen die arbeitsamste Klasse der Gesellschaft führt […] O Wut, o Schande! Wer wird glauben, dass die Vertreter des französischen Volkes, die den Tyrannen im Ausland den Krieg erklärt haben, feige genug sind, diejenigen im Inland zu verschonen?

Was ist aus Jacques Roux geworden?
Vom Wohlfahrtsausschuss zum Tode verurteilt, hat er sich am Tag vor seiner Hinrichtung das Leben genommen.

Dann hat also niemand auf ihn gehört?
Schlimmer noch, in den folgenden Generationen hat sich die Verinnerlichung der bürgerlichen Werte, die freiwillige Unterwerfung unter die Kapitalisten noch verstärkt.

Mehr als hundert Jahre später spazierte der große Jean Jaurès, der Begründer der Sozialistischen Partei Frankreichs – über den dein Vater ein sehr eindrückliches Theaterstück geschrieben hat – durch das nächtliche Paris und hatte folgende Eingebung:

> An einem Winterabend ergriff mich in dieser riesigen Stadt so etwas wie ein soziales Schaudern. Mir schien es, als hätten die Tausende und Abertausende Menschen, die aneinander vorbeigingen, ohne sich zu kennen, eine zahllose Menge einsamer Phantome, keinerlei Bindungen. Und ich fragte mich mit einer Art von unpersönlichem Schrecken, wie all diese Wesen die ungleiche Verteilung des Guten und des Schlechten hinnahmen […]
> Ich sah keine Ketten an ihren Händen und ihren Füßen und dachte: Durch welches Wunder tragen diese Tausende leidender, geschundener Menschen all das? […] Die Kette befand sich im Herzen […] Das Denken war gefesselt […] Die gesellschaftliche Ordnung hatte die Menschen geformt, sie war in ihnen, in gewisser Weise war sie zu ihrer Substanz geworden, und sie lehnten sich nicht gegen die Realität auf, weil sie sich mit ihr verwechselten.

Eines meiner Bücher, eines derjenigen, die mir besonders am Herzen liegen, trägt den Titel *Wir lassen sie verhungern: Die Massenvernichtung in der Dritten Welt.* Darin berichte ich über meine achtjährige Tätigkeit als Sonderberichterstatter der Vereinten Nationen für das Recht auf Nahrung. Es ist in mehrere Sprachen übersetzt worden, und ich habe eine große Zahl von Vorträgen in Rom, Mailand, Madrid, Berlin, Oslo und New York gehalten. Darin sprach ich von den Kindern, die durch den Kalorienmangel zu Skeletten abmagern, an allen Gliedern zittern, tief eingefallene Augen haben und immer größere Regionen unseres Planeten bevölkern. Jedes Mal versuchte ich zu zeigen, dass das tägliche Massaker, das der Hunger bei Kindern und Erwachsenen anrichtet, von Menschen gemacht ist. Und dass dieses Massaker schon morgen von den Menschen beendet werden könnte. Ich sprach von den zehn transkontinentalen Privatgesellschaften, die zusammen 85 Prozent von Produktion, Lagerung, Transport und Vertrieb der Lebensmittel kontrollieren, wies auf die Börsenspekulationen mit Reis, Getreide und Mais der Großbanken hin, die die Lebensmittelpreise auf dem Weltmarkt in die Höhe treiben, und ich beschrieb eingehend den Raub von landwirtschaftlichen Anbauflächen in Afrika, Lateinamerika und Asien durch Großbanken und Hedgefonds.

Am Ende von fast jedem meiner Vorträge hob im Saal eine Person die Hand, um anzumerken: »Was Sie gesagt haben, ist sicherlich richtig. Wie Sie bin ich empört über diesen Mord an so vielen Menschen durch Unter- und Fehlernährung. Aber was kann ich denn als einfacher Bürger gegen diese ungeheuer reichen und allmächtigen Konzerne ausrichten? Nichts!«

Für diese Personen, die ich im Grunde für »Deserteure« halte, hatte ich immer dieselbe – von wachsender Verärgerung geprägte – Antwort parat: »In der Demokratie gibt es keine Ohnmacht. Ihr habt alle Waffen in der Hand, um diese kannibalische Weltordnung zu stürzen.«

Wie das?

Geduld, Zohra. Ich komme gleich dazu.

IX

Ist es nicht eine Utopie, Jean, den Kapitalismus bekämpfen zu wollen? Könnte man ihn nicht stattdessen verbessern oder korrigieren?
Nein, Zohra, der Kapitalismus lässt sich nicht reformieren. Man muss ihn zerstören. Vollkommen, radikal, damit sich eine neue soziale und wirtschaftliche Weltordnung errichten lässt. Glaubst du, die französischen Revolutionäre von 1789 hätten mit Reformen etwas gegen die vom Adel des Feudalsystems ererbten Privilegien ausrichten können? Bildest du dir ein, der Kolonialismus oder das Sklavenhaltersystem hätten »verbessert« werden können, man hätte sie durch ein paar kleine Korrekturen mit den elementarsten moralischen Prinzipien in Einklang bringen können? Nein, Zohra. Von uns, vor allem von deiner Generation wird die Vernichtung des Kapitalismus, seine Überwindung, erhofft. Damit eine neue, menschliche Welt entstehen kann, müssen die Privilegien und die Allmacht der Kapitalisten im Mülleimer der Geschichte verschwinden, so wie einst die Privilegien und die Allmacht der Grafen und Herzöge.

Uns beseelt die Sehnsucht nach dem ganz Anderen, nach der Utopie – das ist der Horizont, an dem wir unser Verhalten ausrichten müssen.

Aber Jean, ist die Utopie nicht etwas, was nie eintritt? Eine Art Traum?

Nein, die Utopie ist eine machtvolle historische Kraft. Gewiss, sie bezeichnet wohl einen Traum, ist aber zugleich der Wachtraum, der in uns lebt, die einklagbare Gerechtigkeit, die unser Bewusstsein beherrscht, die neue, glückliche und gerechtere Welt, die wir fordern.

Schau dir die Geschichte an: Die fortschreitende Humanisierung des Menschen ist unübersehbar. Jahrhundertelang war die Abschaffung der Sklaverei eine reine Utopie, verspottet von den Sklavenhaltern, den Sklavenhändlern und den Bankiers, die sie finanzierten. Trotzdem wurde sie durchgesetzt – gewiss, erst nach langen Kämpfen und trotz der Tatsache, dass es, wie wir gesehen haben, noch hie und da auf unserem Planeten Sklaven gibt, aber deren Besitzer haben ihre Allmacht verloren und gelten heute schlicht als Kriminelle.

Und die Emanzipation der Frauen im Westen? Viele Jahrhunderte lang eine Utopie! Im 19. Jahrhundert gab es Wissenschaftler, die erklärten, Frauen hätten keine Seele. Als deine Großmütter 20 Jahre alt waren, besaßen sie kein Wahlrecht. Für den Kampf der *Suffragetten*, wie sie ironisch genannt wurden, hatten die Männer an der Macht noch vor knapp drei Generationen nur ein müdes Lächeln übrig. Doch heute wird Deutschland, der wirtschaftlich stärkste Staat Europas, von einer Frau regiert, die regelmäßig wiedergewählt wurde.

Auch die allgemeine Sozialversicherung galt einst als Utopie. Doch heute übernehmen die Sozialversicherung und andere Versicherungen den Schutz vor Krankheit und vor finanziellen Problemen, die im Alter auftreten können. Im Westen, zumal auch in Frankreich, wird diese Utopie heute gesetzlich garantiert.

Du meinst also, Utopien lassen sich verwirklichen?
Die Utopie realisiert sich in kleinen Schritten. Che Guevara hat geschrieben: »Auch die stärksten Mauern fallen durch Risse.« Die Utopie ist festgeschrieben in der Allgemeinen Erklärung der Menschenrechte der Vereinten Nationen von 1948, die in der Nachfolge zweier anderer Erklärungen steht: jener der amerikanischen Revolutionäre vom 4. Juli 1776 und der Erklärung der Menschen- und Bürgerrechte der französischen Revolutionäre von 1789. In Artikel 1 der UNO-Erklärung heißt es: »Alle Menschen sind frei und gleich an Würde und Rechten geboren. Sie sind mit Vernunft und Gewissen begabt und sollen einander im Geiste der Brüderlichkeit begegnen.« Und Artikel 3 legt fest: »Jeder Mensch hat das Recht auf Leben, Freiheit und Sicherheit der Person.«

Die amerikanischen Revolutionäre waren genauer und noch konsequenter als die Franzosen. Denn sie haben dem Katalog der Menschenrechte ein ganz besonderes Recht hinzugefügt: das Widerstandsrecht. Hör es dir an, Zohra:

> Wir halten diese Wahrheiten für selbstverständlich, dass alle Menschen gleich erschaffen worden sind, dass sie von ihrem Schöpfer mit gewissen unveräußerlichen Rechten begabt worden sind, worunter sind Leben, Freiheit und das Streben nach Glückseligkeit […] dass, sobald eine Regierung diesen Zielen verderblich wird, es das Recht des Vol-

> kes ist, sie zu stürzen und eine neue Regierung einzusetzen, die auf solche Grundsätze gegründet und deren Macht und Gewalt solchergestalt gebildet wird, als ihnen zur Erhaltung ihrer Sicherheit und Glückseligkeit am schicklichsten zu sein dünkt.

Ich hoffe, du wirst aus allen unseren Gesprächen behalten, dass die Macht, die von den Oligarchen des globalisierten Finanzkapitals ausgeübt wird, heute die eigentliche Weltregierung ist und dass sie dem Glück der großen Mehrheit der Menschen im Wege steht. Daher hat jeder Mensch um seiner selbst willen die Pflicht zur Revolte.

Wann wird es zu dieser Revolte kommen?
Das weiß niemand. Aber sie wird kommen. Sie ist nahe. Die unabsehbare Schar der Märtyrer hat tiefe Wurzeln im Gedächtnis der Menschen geschlagen, im Süden wie im Norden, und dieses Gedächtnis ist revolutionär. In dem Kollektivwerk *Le Livre noir du capitalisme* bringt mein Freund Gilles Perrault das wunderbar zum Ausdruck:

> Dieses unübersehbare Heer der Opfer, deportiert von Afrika nach Amerika, zerfetzt in den Schützengräben eines wahnsinnigen Krieges, lebendig verbrannt vom Napalm, zu Tode gefoltert in den Kerkern der Wachhunde des Kapitals, füsiliert am Mur des Fédérés, füsiliert in Fourmies, füsiliert in Sétif, zu Hunderttausenden hingemetzelt in Indonesien, praktisch ausgerottet wie die Indianer Amerikas, massenhaft ermordet in China, zur Sicherung des freien Opiumhandels [...] Sie alle haben die Fackel der

Revolte des in seiner Würde gekränkten Menschen weitergereicht in die Hände der Lebenden. In die bald ermüdenden Hände jener Kinder der Dritten Welt, welche die Unterernährung, Tag für Tag, zu Zehntausenden tötet, in die abgemagerten Hände der Völker, dazu verurteilt, die Zinsen für eine Schuld zu zahlen, deren Kapital die Marionetten, die sie regieren, ihnen gestohlen haben, in die zitternden Hände jener immer zahlreicher werdenden Ausgegrenzten, die an den Rändern des Wohlstands vegetieren müssen [...]. Hände von einer tragischen Schwäche und fürs Erste noch unvereinigt. Aber sie können nicht anders, als sich eines Tages zu vereinen. Und an diesem Tag wird die Fackel, die sie tragen, einen Brand entfachen, der die alte Welt in Schutt und Asche legen wird.

Nach allem, was du mir gesagt hast und was ich verstanden habe, wollen die Kapitalisten weder die Gleichheit aller Menschen noch die Sicherheit für jeden.

Das ist in der Tat nicht ihr Problem. Soziale Gerechtigkeit, Brüderlichkeit, Mitmenschlichkeit, Freiheit? Universelle Solidarität unter den Völkern, öffentliches Interesse, Allgemeinwohl, freiwillig akzeptierte Ordnung, das Gesetz, das befreit, divergierende Bestrebungen durch eine gemeinsame Regel gebändigt? Alte Hüte, Träumereien von gestern, die den jungen, effizienten Managern der transkontinentalen Konzerne ein verächtliches Lächeln entlocken!

Die haben eine andere Agenda. Das Grundprinzip des kapitalistischen Systems ist der Profit. Die unerbittliche Konkurrenz zwischen allen Individuen und Völkern. Die Logik des Kapitals gründet auf Konfrontation, Vernichtung des Schwachen, auf Krieg. Krieg durch Zerstörung, Wiederaufbau und Waffenhandel ist eine unerschöpfliche Quelle des Profits.

Lass es dir noch einmal gesagt sein, Zohra: Das kapitalistische System lässt sich nicht schrittweise und friedlich reformieren. Wir müssen den Oligarchen die Arme brechen, ihre Macht zerschlagen.

Aber Jean, während all unserer Gespräche hast du von der Allmacht der Herren des kapitalistischen Systems gesprochen. Wie kann es da den Schwächsten gelingen, den Stärksten die Arme zu brechen?

Wir haben beide, du und ich, viel von Karl Marx gesprochen. In einem Brief an seinen Freund Joseph Weydemeyer schreibt er: »Der Revolutionär muss imstande sein, das Gras wachsen zu hören.« Ich garantiere dir, gegenwärtig wächst das Gras!

Du scheinst mir sehr optimistisch zu sein. Und im Übrigen antwortest du nicht auf meine Frage!

Hör zu, Zohra, in uns schlummert eine ungeheure Kraft. Und ich werde dir deine Frage, die die schwierigste überhaupt ist, gerne beantworten …

Die Kraft der Revolte beruht auf der vernunftbestimmten Weigerung eines jeden von uns, auf Dauer eine Welt zu akzeptieren, in der die Verzweiflung, der Hunger, das Elend, die Leiden und die Ausbeutung der Mehrheit die Basis für das relative Wohlergehen einer überwiegend weißen und in Unkenntnis ihrer Privilegien lebenden Minderheit bilden.

»Die Unmenschlichkeit, die einem anderen angetan wird, zerstört die Menschlichkeit in mir«, hat Immanuel Kant geschrieben. Der moralische Imperativ ist in uns allen. Es geht darum, ihn wachzurufen, den Widerstand zu mobilisieren, den Kampf zu organisieren.

Die Revolte, der Aufstand des Gewissens, regt sich überall. Gegenwärtig erleben wir eine Vervielfältigung der Widerstandsfronten. In allen Lebensbereichen.

Ein neues historisches Subjekt entsteht, Zohra: die weltweite Zivilgesellschaft. Sie vereinigt Millionen Männer und Frauen, die denkbar verschiedenen Völkern, Kulturen, sozialen Klassen und Altersgruppen angehören. Ein einziger Gedanke beseelt sie: »Ich bin der andere, der andere ist ich.« Kein Zentralkomitee und keine Parteilinie mehr! Die internationale Zivilgesellschaft setzt sich aus unzähligen Widerstandsfronten zusammen, die heute auf allen Kontinenten – an den überraschendsten Orten – gegen die kannibalische Weltordnung aktiv sind. Höchst unterschiedliche soziale Bewegungen repräsentieren sie: Via Campesina, eine Organisation, die mehr als 120 Millionen Pächter, Kleinbauern und landwirtschaftliche Tagelöhner vertritt; die feministischen Bewegungen, die gegen Diskriminierung und Gewalt kämpfen; Greenpeace, das versucht, die Gefahren für Natur und Biodiversität abzuwenden; die Bewegung Attac, die die verheerenden Folgen des Spekulationskapitals eindämmt; Amnesty International, das sich überall in der Welt für ein Mindestmaß an Menschenwürde und Menschenrechten einsetzt; viele Tausend andere Bewegungen – soziale, antikapitalistische, große und kleine, lokale und internationale. Zusammen bilden sie eine geheimnisvolle Bruderschaft der Nacht, die täglich an Macht gewinnt und gegen die kapitalistische Barbarei kämpft. Bereits heute sind viele Millionen Menschen erwacht.

Und jetzt, was wird jetzt geschehen?
Zeit ist menschliches Leben. Wir können die Armen nicht warten lassen. Deshalb sind die Forderungen dieser Bewegungen so radikal. Die Schlacht, die heute nicht gewonnen wird, läuft Gefahr, endgültig verloren zu gehen, wenn wir nicht handeln.

Jean, du antwortest nicht auf meine Frage. Was wird passieren?
Zohra, wir wissen nicht, wie es passieren wird. Schau, wie der Kampf der Frauen gegen die empörenden Diskriminierungen ihres Geschlechts verläuft. Es bedarf nur einer Anklage gegen einen mächtigen Halunken aus der Filmbranche in Hollywood, und schon sind Tausende von Frauen, die irgendwann Opfer sexueller Angriffe wurden, auf den Barrikaden. Der Riss wird zu einer klaffenden Lücke, und die Mauer stürzt ein.

Der Mensch weiß mit Gewissheit, was er nicht will. Ich will nicht auf einem Planeten leben, auf dem alle fünf Sekunden ein Kind an Hunger oder einer hungerbedingten Krankheit stirbt, wenn die Erde ohne Schwierigkeiten fast die doppelte Zahl der gegenwärtigen Weltbevölkerung normal ernähren könnte, würden die Nahrungsmittel nur gerecht und gleich verteilt. Die Ungleichverteilung des Reichtums und den unablässigen Krieg der Reichen gegen die Armen finde ich unerträglich. Als eine Beleidigung der Vernunft empfinde ich den Obskurantismus, die Dummheit des neoliberalen Wahns, die Erhebung der Marktkräfte zum Naturgesetz, die Manipulation der Konsumenten. Die Umweltzerstörung, der Raubbau an unseren natürlichen Ressourcen, das langsame Sterben des Planeten sind einfach monströs.

Denk an die Worte von Papst Franziskus, diesem höchst eindrucksvollen Mann: »Mit der Ausschließung ist die Zugehörigkeit zu der Gesellschaft, in der man lebt, an ihrer Wurzel getroffen, denn durch sie befindet man sich nicht in der Unterschicht, am Rande oder gehört zu den Machtlosen, sondern man steht draußen. Die Ausgeschlossenen sind nicht ›Ausgebeutete‹, sondern Müll, ›Abfall‹.«

Gegenwärtig weist die Erdbevölkerung eine »Abfallquote« von mehr als einer Milliarde Menschen auf. Mit dieser Gesellschaft will ich nichts zu tun haben. Dessen bin ich mir absolut sicher.

Einverstanden, Jean, wir wissen, was wir nicht wollen, doch wenn man sich auf einen Kampf einlässt, muss man doch auch wissen, wodurch man den Kapitalismus ersetzen will … Und was steht da auf dem Programm?

Es gibt kein Programm. Nur eine langsam keimende Vorstellung an den verschiedenen mobilisierten Fronten. Außerdem sind da die Lektionen aus der Vergangenheit. Der Versuch, im 20. Jahrhundert den Kapitalismus durch den Kommunismus abzulösen, blieb ohne Erfolg. Er hat einige Früchte getragen und die Emanzipation der Menschheit begünstigt, aber er wurde verraten und heftig bekämpft. Der Kapitalismus hat gewonnen, so wie heute in China, wo ein angeblich »kommunistisches« Regime seine Wirtschaft am kapitalistischen Markt ausrichtet. Schließlich tragen zur Organisation der Zukunft auch die Überzeugungen bei, die die Kämpfer in sich tragen, ihre Werte.

Denk an den 14. Juli 1789 in Paris. In den Faubourgs Saint-Antoine und Saint-Martin protestierten die Arbeiter und Handwerker gegen ihr Elend. Die Ideen der Aufklärung hatten sich während des ganzen 18. Jahrhunderts entwickelt und sich in allen Gesellschaftsschichten ausgebreitet: gegen die absolute Macht der Könige, gegen den religiösen Obskurantismus, für die Förderung von Wissen und Wissenschaft, für die Vernunft, für die Freiheit, für die Gleichheit unter den Menschen. An diesem Tag, dem 14. Juli, beschlossen diese Pariser Arbeiter und Handwerker, das nahe gelegene Festungsgefängnis von Paris zu stürmen, dieses verhasste Symbol willkürlicher Machtausübung. Sie marschierten zur Bastille. Schlecht bewaffnet, mit Spießen, Pistolen und Dolchen. Die Bastille … tiefe Wassergräben, zehn Meter breit, Festungsmauern, die als uneinnehmbar galten …

Beim Nahen der Aufständischen hatte der Gouverneur de Launay befohlen, die Zugbrücke hochzuziehen, das Fallgitter herabzulassen und die Tore zu verriegeln. Später am Tag rückten zwei Bataillone der Bürgergarde mit acht Kanonen zur Unterstützung der Angreifer an. De Launay versuchte zu verhandeln und senkte die Zugbrücke. Die Aufständischen drangen in die Festung ein, brachten den Gouverneur um und befreiten die Gefangenen.

Hätte am Abend des 14. Juli ein Journalist am Seine-Ufer einen der Aufständischen beiseitegenommen und ihn gefragt: »Hören Sie, Citoyen, Sie haben die Bastille gestürmt, erklären Sie mir jetzt, wie es weitergehen soll, was werden Sie unternehmen, um die Monarchie und das Feudalsystem zu stürzen?«, hätte der arme Mann sicherlich keine klare und schlüssige Antwort parat gehabt. Wie hätte dieser Aufständische auch den Verfassungstext der Ersten Republik voraussehen sollen, der vier Jahre später verkündet wurde?

Die Französische Revolution hat die Geschichte der Welt verändert. Sie hat die Feudalordnung gestürzt, viele Hundert Millionen Menschen auf dem ganzen Planeten befreit. Ihr Programm, ihre Institutionen, ihre Strategien? Sie wurden auf vollkommen unvorhersehbare Weise aus der Freiheit geboren, die in den Menschen geweckt wurde.

Du weißt also nichts über das gesellschaftliche und wirtschaftliche System, das den Kapitalismus ersetzen soll?

Überhaupt nichts, zumindest nichts Genaues. Aber das hindert mich nicht, darauf zu hoffen, dass deine Generation den Kapitalismus stürzen wird. Und diese Aussicht gibt mir eine Gewissheit: Das Handeln jedes Einzelnen zählt. Meine Hoffnung nährt sich aus der Überzeugung des Dichters Pablo Neruda: »Podrán cortar todas las flores, pero jamás detendrán la primavera«, was bedeutet: »Sie können alle Blumen abschneiden, aber nie werden sie den Frühling beherrschen.«

Dank

Eltern kleiner Kinder verdanke ich die Idee dieses Buches. Olivier Bétourné, Präsident der Éditions du Seuil, hat seine Entstehung mit grosser Sorgfalt und umfassender Gelehrsamkeit begleitet.

Erica Deuber Ziegler war meine unentbehrliche Mitstreiterin, dank ihrem historischen Wissen und ihrem unbestechlichen kritischen Sinn.

Dominique Ziegler hat das endgültige Manuskript gegengelesen und Unzulänglichkeiten beseitigt.

Sophie Sallin und Cécil Videcoq haben die verschiedenen Versionen klug und präzis betreut.

In jeder Phase des Buches konnte ich auf die Unterstützung und hohe Kompetenz von Sebastian Ritscher zählen.

Hainer Kober hat den Text des französischen Originals elegant und feinfühlig ins Deutsche übersetzt.

Karl Heinz Bittel hat die deutsche Fassung mit kritischer Aufmerksamkeit lektoriert.

Thomas Rathnow, Johannes Jacob, Markus Desaga, Heidrun Gebhardt, Iska Peller waren mir durch ihren Rat eine wertvolle Hilfe.

Ihnen allen bin ich zutiefst dankbar.